E Roy fait trefexpreſſes inhibitiõs & deffenſes à tous imprimeurs & libraires, tant de ceſte ville de Paris que des aultres de ſon Royaulme, de n'imprimer & expoſer en vente l'ordre de l'Entrée de ſa maieſté & autres choſes qui en dependent : ſur peine de la confiſcation des liures & preſſes & d'eſtre corporellement punis. Voulant ſa maieſté que celluy ſeul, auquel elle en a baillé permiſſion, ſignée de l'vn de ſes quatre Secretaires d'eſtat, puiſſe faire imprimer ledict ordre d'Entrée. Enioignant ſadict maieſté au Preuoſt de Paris ou ſon Lieutenant, Preuoſt des marchans & Eſcheuins tenir la main à l'obſeruation de ceſte preſente ordonnance & d'y vſer de toutes diligences requiſes & neceſſaires. Faict à Paris le ſeptieſme iour de Mars, mil cinq cens ſoixante & vnze. Ainſi ſigné, Brulart.

Leu, & publié à ſon de trompe & cry public par les carrefours de ceſte ville de Paris, lieux, & places accouſtumez à faire cris & publications, par moy Paſquier Roſſignol crieur iuré du Roy noſtre ſire, aux ville, preuoſté & viconté de Paris, accompaigné de Guillaume Denis commis de Michel Noiret, trompette iuré dudit ſeigneur eſdictz lieux. Le ſeptieſme iour de Mars, mil cinq cens ſoixante & vnze. Ainſi ſigné, Roſſignol.

SVR
l'Entrée du Roy faicte en
fa bonne ville de Paris.

N'estime point (Lecteur) que ce soit vne Entrée,
   Que tous ces sumptueux appareils que tu vois,
   Tous ces arcz triomphaux, ces superbes arrois,
   Dont Paris nostre ville est ores illustrée.

Ainsi que Rome on veit de lauriers tapissée
   Embrasser le guerrier enflé de haulx exploitz:
   Ainsi à nostre CHARLES, au plus grand de nos Rois,
   Pour rendre dans les ans sa memoire enchassée,

Paris d'vn œil ioyeux, Paris sa grand' cité,
   Luy dressant ce trophée à la posterité,
   L'a voulu honorer d'vn triomphe supréme:

Apres auoir esté trois fois en camp vainqueur,
   Apres auoir des siens surmonté la rancœur,
   Et que d'vn cœur plus fort il s'est vaincu soy-mesme.

                           E. Pasquier Parisien.

BREF ET SOMMAI-

re recueil de ce qui a esté faict,
& de l'ordre tenüe à la ioyeuse & triumphante
Entree de tref-puissant, tref-magnanime & tref-
chrestien Prince CHARLES IX. de ce nom Roy
de France, en sa bonne ville & cité de Paris, capitale de son Royaume, le Mardy sixiesme iour de
Mars.

AVEC

LE COVRONNEMENT DE TRES-

haute, tref-illustre & tref-excellente Princesse Madame
ELIZABET d'Austriche son espouse, le Dimanche
vingtcinquiesme.

ET

ENTREE DE LADICTE DAME EN ICELLE

ville le Ieudi XXIX. dudict mois de Mars, M. D. LXXI.

A PARIS,

De l'Imprimerie de Denis du Pré, pour Oliuier Codoré.
rüe Guillaume Iosse, au Heraut d'armes, pres la rüe
des Lombars.

1572.

AVEC PRIVILEGE DV ROY.

Extraict du priuilege du Roy.

CHARLES par la grace de Dieu Roy de France à nos aimez & feaulx les gens tenans nos cours de Parlements Gouuerneurs, Baillifz, Senechaulx, Preuosts ou leurs Lieutenants, & aultres nos officiers & iusticiers qu'il apartiendra, Salut. Nostre bien aimé Oliuier Codoré tailleur & graueur de pierres precieuses nous à faict entendre qu'il desiroit singulieremēt de grauer ou faire imprimer par figures & lettres toute l'ordre qui sera tenüe à l'Entrée que nous & nostre treschere & tresaimée compagne esperōs faire tant en nostre ville de Paris que autres villes de cestuy nostre Royaulme. Mais il craint que à ce faire il luy soit fait empeschement par nos officiers, s'il n'auoit nos lettres de congé & permission de ce faire. Nous requerans treshumblement à ces fins luy vouloir octroyer nos lettres necessaires A ces causes & inclinant liberalemēt à la requeste qui nous à esté faicte par nostre trescher, & tresaimé cousin le duc de Geneuois & de Nemours en sa faueur, auons à iceluy Codoré permis, accordé, & octroyé, permettons, accordōs, & octroyons par ces presentes, qu'il puisse & luy loise imprimer & grauer par figures & lettres tout l'ordre qui sera tenu à nosdictes Entrées esdictes villes de nostredict Royaulme, sans que à ce il puisse estre empesché par nosdictz officiers ou autres: & afin qu'il aye le moyen de se recompenser des frais & despens qu'il luy conuiendra pour cest effaict faire, auons inhibé & deffendu, inhibons & deffendons à tous aultres imprimeurs & graueurs, que durant le temps & terme de dix ans ensuyuans & consecutifz à coter du iour & datte que lesdictes Entrées aurōt esté imprimées & grauées par figures & lettres qu'ilz n'ayent à les imprimer ou grauer, si ce n'est par congé & permission dudict Codoré. Et ce sur peine au contreuenant de mil escus d'amende, chacun applicable, partie à nous & l'autre audict Codoré: ensemble de la perte & confiscation desdictes imprimeries & graueures. A la charge que lesdictes graueures & impressions desdictes Entrées seront veües & visitées par nos iusticiers des lieux où elles seront, auant qu'ilz soient mises en vente. Si voulons & vous mandons que à chascun de vous endroict soy, si comme à luy apartiendra, que de tout le contenu en nostre presente permission vous faictes, souffrez, & laissez ledict Codoré ioyr & vser paisiblement, cessant & faisant cesser tous troubles & empeschemens au contraire. Procedant contre lesdictz contreuenans à ces presentes, par les peines contenuez en nos ordonnances: car tel est nostre plaisir. Donné au chasteau de Boulōgne le neusicsme iour de Feurier. L'an de grace mil cinq cens soixante & vnze. Ainsi signé.

Par le Roy, Monsieur le duc de Nemours present. De Neufuille, & scellé sur simple queuë en cire iaulne, du grand scel.

Οὔνομα ΒΟΥΚΑΙΟΥ τὸ πατρώϊομον αἶέρα δηλοῖ
  Τὸν καζὰ τὰς ξυλόχας ἔμπονον ὑλοτόμον.
Καὶ σὺ ταμὼν ξύλα πολλὰ ϑᾶν ἀπὰ νήειτον ἄλσος,
  Εὐϑαλὲς ἔπλεξας τῦτο τὸ φυλλάδιον.
Εἶϑ᾽ ὑπὸ τοῖς σκιεροῖσιν ἀηδόνες ἀκρεμόνεσσιν
  Μυείας ἡδυμελῆ εὑσομέϡσιν ἔπη.
Ἄνϑεμα τῷ βασιλῆϊ, χαὶ ἄνϑεμα τῇ βασιλίσσῃ,
  Χρυσῦ ἠδὲ λίϑων παμπολυτιμότερον.
Σοὶ δὲ χάεις μεγάλη μάλ᾽ ὀφείλεται εἴνεκα τῦ γῦ
  Ὦ ΒΟΥΚΛΙΕ, δὶ οὗ τοῖος ἔπλεχίο πλόκος.
Ἄξιον ἐν χαείπων χαὶ μυσῶν ναῷ ἄγαλμα,
  Κεῖϑαι, ΒΟΥΚΑΙΟΥ σύμβολον ἀσυόμυ.

Ἰω. Αυρατὸς Ποιητὴς βασιλικὸς.

Ἄσυ τὸ Παρρισίων, πολέων πόλις, ἢ πόλος ἄλλος,
  Τῷ βασιλῆϊ γέρας τεῦξεν ἐπεμβάσιον.
Εἶς δὲ τις ἀσυόμων μύϑαις μεμελημένος ἀνὴρ
  ΒΟΥΚΑΙΟΣ τούτης εὐϑέπισεν πίναχας.
Πολλὰ δὲ χαλὰ φίλων ἐπιγράμμαζα, πολλὰ χαὶ αὐτῦ,
  Ἔργυ λαμπρὰ πάρεργ᾽ εἰς βίβλον ἠράνισεν.
Τύς τε λόγυς κρυφίων ἐσαφήνισε μυϑολογιῶν,
  Εἰκόνας οἳ πάσας χαὶ φανερῦσι γραφάς.
Τέχνης δαίδαλον ἔργον ἄκρης δαπάνης τε πόνϑλε,
  Ἀλλ᾽ ἀεὶ χαλεπῶν τὸ κλέος ἐπὶ χαλὸν.
Οὐκ ἄρα μνῆσις ὄλοιτο ϑελαμβοπρέπης περσόδιο
  Δὶς διὰ Παρρισίων Συμφραπεμπομένης.

Ν. Γυλ. Αυρατ. Γαμβ.

IN
COMMENTARIVM
descriptionis pomparum &
spectaculorum Regi CAROLO IX.
& Reginæ ELISABETÆ Austriæ
in ipsorum solemnibus in vrbem ingressibus duobus di-
uersis diebus Parisiis ex-
hibitorum.

Vantũ alias immẽsa Lutetia præterit vrbes,
Cætera Rex quantum Gallicus imperia:
Tantũ magnificos superauit honore triũphos
Quem dedit vrbs, tua quos Gallia tota dabit.
Huius vt aspectus gentes procul iret in omnes,
Exprimit artifici sculpta tabella manu.
Sed pictura, nisi sonus huic accedat, imago
Muta tacet: scriptis nunc ea facta loquax.
Ergo quæ porta populus spectauit ab ipsa
Per seriem mixtæ lusibus historiæ,
Singula declarata suis sunt iuncta tabellis,
Occultúmque loquens littera quidque docet.
In quibus vt sumptus, labor est & publicus vrbis,
Quam cum Præposito quattuoríusque regunt.
Sic vigil vnius BOVQVETI cura peregit,
Mandarat sibi sors quod socialis opus.

Ronsardo tamen est, est Auratôque aliisque
    Pars opere in tanto iure tenenda suo.
Quorum alias alij patrias cecinere camœnas:
    Græca sed ipsa mea, suntq́; Latina lyræ:
Præter ab antiquis quæ sunt excerpta poëtis.
    Sic noua per varias texta corolla manus.
At tu ter fœlix Rex CAROLE, ter tua coniux,
    Et quater, & quoties non numerare licet.
Cuius amor patriæ, cuius spectacula nulli,
    Præter quàm summo cedere visa Deo.
Omnibus in populis simul externísque tuísque,
    Dum liber hic viuet, viuida semper erunt.

                    Io. Auratus Poëta Regius.

Pagination incorrecte — date incorrecte

NF Z 43-120-12

SONET
De Pierre de Ronsard
à l'Autheur.

Comme une fille en toute diligence
   Voyant un pré esmaillé de couleurs
   Entre dedans, & choisissant les fleurs,
   Un beau bouquet pour son sein elle agence,

Ainsi, BOVQVET, cueillant en abondance
   Fleurs dessus fleurs, dans le iardin des sœurs,
   Fais (choisissant les plus douces odeurs)
   Vn beau bouquet de ton liure à la France,

L'honneur des Rois, de Paris la grandeur,
   L'heur des François emplissent la rondeur
   De ton BOVQVET, qui fleurist dauantage

Contre le temps qui les autres deffait.
   Car ton bouquet que les Muses ont fait,
   Ne craint l'hiuer ny l'iniure de l'aage.

B

Sonet de l'Autheur.

Celuy qui voudra voir combien peult noſtre France,
   Comme elle eſt inuincible au fort de ſon malheur,
   Comme il eſt impoſſible en ſçauoir la valeur,
   Le bon-heur, la grandeur, la force, & la puiſſance:

Celuy qui vouldra voir de Paris l'excellence,
   De quelle affection, cœur, deuoir, & honneur,
   Elle a receu ſon Roy & ſouuerain Seigneur,
   Apres ſon ſainct edict, teſmoin de ſa clemence:

Reliſe ce liuret, & ſur tout conſidere
   Que ce Roy comme Dieu s'eſt monſtré Prince & pere,
   Qui regardant les ſiens de ſon œil de pitié

A fait ceſſer de Mars l'orage & le tonnerre,
   Chaſſant de ſes ſubiects la diſcorde & la guerre
   Pour les reioindre enſemble en parfaicte amitié.

                                 B.

BREF
RECVEIL ET SOM-
maire de ce qui a esté faict, &
de l'ordre tenüe à la ioyeuse & triumphante Entrée de tref puiffant, tref-magnanime & tref-chre-
ftien Prince CHARLES IX. de ce nom Roy de France, en fa bonne ville & cité de Paris, capitale de
ce Roiaume, le Mardy fixiefme iour de Mars.

'ESTANT le Roy allié par mariage
auec tref-haute, tref-illuftre & tref-
excellente Princeffe Madame ELI-
ZABET d'Auftriche, fille de Maximilian Empereur des Romains: & a-
pres auoir en la ville de Mezieres a-
uec toutes fortes de triõphes & magnificéces Roialles
celebré & folénifé ce facré mariage, fa Maiefté feit en-
tédre aux Preuoft des marchãs & efcheuins de fa bóne
ville de Paris, que fon intention eftóit faire fon Entree en ladicte ville au mois de Feurier ou Mars enfui-
uant. Lefquels receurent auec tref humble reuerence
comblee de ioye & allegreffe cefte bonne nouuelle: &
fe fentans bien heureux d'eftre ainfi honorez de leur
Roy & Prince fouuerain, commencerent incontinent
à faire appreftz de toutes chofes neceffaires, pour feló
leur pouuoir & moyen recueillir & receuoir digne-

B ij

ment vn si grand & si bon Roy. Et en toutes diligences furent dressez des portiques, arcz triumphaux, figures, peintures & deuises en hôneur de sa Maiesté,
de la Royne sa mere, de la Royne son espouse, de
Messieurs ses freres, & de toute la tresillustre maison
de France: & en l'honneur aussi, & consecration de la
memoire saincte de François le grand, & Henri ses
pere, & ayeul : tout ainsi que cy apres il sera discou-
ru & representé au naturel en ce petit liure. Lequel tes-
moignera (comme i'espere) à la posterité la tres-hum-
ble, & seruiable deuotion de la ville de Paris enuers
son Roy, le desir qu'elle a tousiours eu, pardessus
toutes les autres villes de ce Roiaume, de luy rendre, auec vne entiere obeïssance, tresfidelle & agreable seruice. Mais premier que d'entrer en la description, i'ay aduisé (amy Lecteur) faire vn sommaire en
ce lieu de ce qu'on peult recueillir des hieroglifiques,
deuises, & inscriptions qui y estoient.

Argument.

EN premier lieu est remarquée la grandeur du Roiaume de France & origine de nos premiers Rois: comme ce Roiaume s'est tousiours maintenu victorieux, & inuincible, mesmement es dernieres guerres, par la grande prudence & felicité du Roy, vertueuse conduicte de la Royne sa mere, & ayde de Messeigneurs ses freres, auec vne memoire & commemoration des Roys, François premier, Henry second ses ayeul & pere. Que aiant tels ancestres, ayeul, pere, vertueuse mere, & freres, & estant monarque d'vn tel, & si florissant Roiaume, ne peult que son empire n'augmente, & agrandisse: Et comme il est Prince tref-digne d'auoir succedé en telles & si grandes choses, n'a esté moins heureux en son mariage. Quand à la poursuite & diligence de la Roine sa mere, il a renouuellé & reconfirmé l'alliance qu'il auoit auec ceste ancienne maison d'Austriche, & espousé ELIZABET fille de Maximilian Empereur des Romains, l'vne des plus sages & vertueuses Princesses du monde. A l'occasion duquel mariage & de la bonté & clemence qui est en luy representée par l'vne des colonnes de sa deuise (PIETATE) auroit apres tant de grandes & glorieuses victoires par luy obtenües, & lors qu'il pouuoit vser de icelles, fait pour le bien de son Roiaume, & repos de ses pauures subiects, publier l'edict de pacification, à l'exéple des Atheniens: lesquels apres les longues discordes ciuiles, par le conseil de Solô, l'vn des sages de son temps, vserent d'vn pareil remede, qu'ils appellerent, ἀμνηστία, c'est à dire oubliance de tou-

B iij

tes iniures & querelles tant d'vn cofté que d'autre: voulant nofire Roy en femblable que toutes chofes paffées foient enfe-uelies fous le cercueil d'oublicnce, & qu'vne bonne paix, v-nion, amitié, concorde, & tranquillité ftable demeure eternel-lement emprainte aux cœurs de fes fubiects: en quoy confifte la plus grande de fes victoires. S'affeurant auffi que comme il f'eft demonftré debonnaire, benin, & clement enuers eux, ils continueront la tresfidelle obeiffance, & fubiection, qui luy doiuent: qui fera le moien de tollir & annuller toutes les par-tialitez ciuiles. Que partant n'eft plus befoin d'armes en Frã-ce, ains feulement d'vne bonne adminiftration de iuftice, re-prefentée par l'autre colonne de fa deuife (I V S T I C I A) eftant le pere du peuple, & Roy trefueritable: pere di-ie qui ne veult perdre les fiens, & Roy pour leur adminiftrer iuftice à tous efgalement.

A la porte S. Denis,

par laquelle ledict Seigneur entra, fut fait en lieu plus commode qu'on n'auoit accouftumé, vn auant portail à la ruftique d'ouurage Tufcan, dedié à l'antique fource, & premiere origine des Rois de France, fertilité & grandeur d'iceluy Roiaume, inuincible en quelque aduerfité que luy ayt fceu venir.

Duquel portail la face, ouuerture, & hauteur eftoit plus grande qu'autre qui ayt efté veu cy deuant : car fon diametre par terre eftoit de cinq toifes en largeur, fur cinq toifes & demie de hault, ayant de douze à treze piedz d'ouuerture dans œuure, fous dixhuict à dixneuf piedz fous clef : le tout faict de pierre de ruftique bien fort refemblant le naturel, à caufe des herbes, limax, & lezards entremeflez parmi, & dont les fpectateurs eftoient en finguliere admiration.

Au hault du milieu de ceft arc eftoit vn frontifpice, & fur le hault d'icelluy vn grand efcu de France d'azur à troys fleurs de lis d'or couronné d'vne grande couronne d'or : fous lequel & à chacun cofté eftoient deux cornes d'abondance remplies de fruictz, faictes de bronze : pour monftrer que iamais ne fut que la France n'ayt efté abondante en tous biens. A cofté dextre eftoit la figure d'vn Roy conquerant, faicte auffi de bronze veftue, & armee à l'antique, tenant vne efpee nüe couronnee, pour reprefenter le grand Francion, duquel font iffus & defcendus les Rois de France. Et pour ce que Francion furpaffa tous les capitaines de fon temps en grandes & glorieufes victoires eftoit vn Aigle pres de fa tefte, demonftrant la haulteur & magnanimité de fon courage en l'execution de fes entreprinfes: ainfi que l'Aigle furmonte de fon vol tous autres oyfeaux: & auffi que c'eft le propre fignal des hommes qui laiffent à leurs fucceffeurs quelque marque d'immortalité. Sous les piedz de ce Francion eftoit vn pied d'eftalt de proportion diagonée, enrichi de moulures exquifes, reprefentant le marbre gris: dedans le fond duquel eftoit vn Loup courant, fignifiant que ledict Francion ne feit que paffer & courir vne bonne partie de la Gaule, chargé de proye & d'honneur, fans iamais farrefter en vn lieu, & fignifioit cefte befte l'heureufe conquefte de l'eftranger: de la maniere qu'il apparut à Pirrhus par l'image pofée par Danaus en la ville d'Arge.

Au cofté feneftre eftoit vne autre figure Royalle, auffi de bronze, tenant pareillement vne efpée cauronnée, reprefentant Pharamód premier Roy des Fraçois, ayant pres de fa tefte vn Corbeau, oyfeau dedié à Apollon, qui preside aux colonies, portant en fon bec des efpicz de bled: pour monftrer qu'il auoit conduict fon peuple d'vn païs fterile en vn païs plus fertile, auquel il farrefta: comme affez le demonftroit vne Vache paiffant, laquelle eftoit dás le fond d'vn autre pied d'eftalt: fur lequel eftoit porté ce Pharamond de femblable ordónance, mefure, & enrichiffement que celuy de Francion: laquelle Vache fignifie fertilité, comme il fut en pareil manifefté par l'oracle donné à Cadmus filz d'Agenor. En figne dequoy nous voyons encores auiourd'huy plufieurs grandes & anciennes maifons de l'Europe, mefmes en France, por-

ter la Vache en leurs armories, pour signifier la bonté,
& fertilité de leurs païs, car cest animal paist de son naturel voluntiers en vne terre franche & grasse telle
qu'est la France. Et quant au Corbeau tel oiseau guida
Battus quand il abandonna l'isle de There, & s'en alla
habiter Cyrene en Libye, ainsi qu'a escript Callimach
poëte Grec,

Κόραξ ἡγήσατο λαῶ
Δέξιος ὀικιστήρ.

Voulant dire que le Corbeau est augure prospere à
conduire vn peuple pour fonder nouuelle colonie.

Ces deux figures se regardoient l'vne l'autre, representans les tiges des Rois de France : l'vn pour a-
uoir conquis vne bonne partie de la Gaule, & comme
vn esclair fouldroyé ce qu'il auroit rencontré : l'autre
pour auoir amené des colonies de Franconie sur les
bords du Rhin & de Seine : lesquelles depuis pous-
sees par Merouce & Claudion planterent les bornes
de France iusques aux riues de Loire; & par leurs suc-
cesseurs iusques aux Alpes & monts Pyrenees.

Au dessous des pied-d'estaltz qui portoient lesdictes figures & frontispice cy dessus mentioné estoit
vne corniche representant aussi le marbre gris, laquelle decoroit grandement l'excellence de cest ouurage,
& au dessous d'icelle trois tables d'attente, l'vne desquelles, qui estoit au milieu & dessus le ceintre de
l'arc, auoit quatre piedz de hault sur sept piedz de large : en laquelle estoient escriptz en grosse lettre noire,
sur fond blanc ces vers.

De ce grand Francion vray tige des François
Vint iadis Pharamond le premier de noz Rois,
Lequel print des Troiens, & Germains sa naissance
Dont la race auiourdhuy se renouuelle en France.

                                                    B.

Et ce d'autant que Pharamond estoit de la nation
d'Allemaigne , & que nostre Roy a voulu renouuel-
ler ceste ancienne alliance par le mariage qu'il a faict
auec nostre Roine fille de l'Empereur des Allemai-
gnes.

A costé droict & iustement sous le pied-d'estalt
qui portoit la figure de Francion estoit vne autre d'i-
celles tables d'attéte , en laquelle estoient escriptz ces
vers Latins,

Francio ab Iliacis veniens (vt fama)ruinis
Et Xanthum & Simoënta in Rhenum mutat & Istrum,
Qui primus Francos Germanis dixit in oris.

Et à l'autre costé au dessous iustement du pied-
d'estalt qui portoit la figure de Pharamond, estoit
l'autre table d'attente en laquelle estoient escriptz ces
vers,

Rex Francis leges Pharamundus tradidit auctis
Gallicum in imperium: quas gentes Carolus ambas
Vt primus iunxit, sic tu nunc Carole iungis.

Outre lesquelz ne veux oublier faire mention des
vers François faictz par Maistre Pierre de Rosard pre-

mier poëte de France : lesquelz pour le peu de plac
qui restoit vuide audict arc n'y auroiét peu estre mis

Ce Prince armé qu'à la dextre tu vois
Est Francion le tige des François
Enfant d'Hector, qui vint sans compagnie
Comme banny habiter Chaonie.
De là poussé par l'oracle amassa
Peu de vaisseaux & la mer trauersa,
Et vint bastir pres la mer Istrienne
Vne cité dicte Sicambrienne:
Feit alliance à la fille d'vn Roy
Qu'il laissa grosse & enceinte de soy.
Puis se rendant la fraieur d'Allemagne
Comme vn esclair foudroia la Campagne,
Passa le Rhin, & sur Seine Paris
Fonda du nom de son oncle Páris.
Luy faict vainqueur par vne prompte guerre
Des plus grands Rois de la Gauloise terre,
Finalement mourut entre les siens
Non gueres loing des champs Parisiens.
Long temps apres de ceste Roine enceinte,
Vint vne race au faict des armes crainte,
Vn Marcomire & ce grand Pharamond
De qui l'audace est peinte sur le front.
Ce Pharamond qui auoit pris naissance
De la Troienne, & Germaine alliance,

Et du destin & d'ardeur animé,

Suyui de gloire & d'vn grand peuple armé,

Traçant les pas de Francus son ancestre

Reconquist Gaule, & sous luy feist renaistre

Les murs tombez de Paris, & deslors

Les renforcea de rampartz & de fortz:

Et se brauant d'vne telle conqueste

Iusques au ciel luy feit leuer la teste,

Honneur fameux des cités du iourd'huy.

Les Roys François sont descendus de luy

De pere en filz d'vne immortelle suitte.

Telle ordonnance au ciel estoit predicte,

Que tous noz Rois tant Païens que Chrestiens

Seroint ensemble Allemans & Troiens.

Et de rechef la race est retournée

Par le bienfaict d'vn heureux Hymenée,

Pour conquerir, comme il est destiné,

Le monde entier sous leurs loix gouuerné.

R.

A l'vn des costez de cest arc plus bas que la figure
de Francion estoit vne niche dedans le dict ouurage
rustique, en laquelle estoit posée vne Maiesté de neuf
piedz de hault, aiant vn visage graue, & redoubté, tenant vn sceptre en vne main, vn baston de iustice en
l'autre, & plusieurs petites couronnes & sceptres à lé-
tour d'elle: pour monstrer que des le commencement
la maiesté de noz Rois à este grande, & ne s'est seule-
ment maintenüe en sa grandeur, mais s'est augmentée

& acrüe en plufieurs païs & prouinces, qui furent autrefois Roiaumes. Portoit cefte Maiefté vn habillemét
à triple couronne, telle que les grands Pontifes ont a-
couftumé de porter, à caufe que ce Roiaume eft feullement tenu de Dieu fans recongnoiftre autre fuperi-
eur: & fous fes piedz plufieurs villes & chafteaux ,
pour reprefenter l'abondance des villes, citez, & bour-
gades fubiectes à la Maiefté de noz Rois. Son manteau
reprefentoit vn veloux pers, femé de fleurs de lis d'or,
fourré d'hermines, mais tant bien refemblant le naturel, que lon ne pourroit mieux, & eftoit efcript fous
fes piedz,

Quo primùm nata eft tempore magna fuit.

A l'autre cofté plus bas que la figure de Pharamond
eftoit vne autre niche auffi entouree de ruftique: en
laquelle eftoit auffi pofee vne Victoire armee à l'antique, de pareille haulteur de neuf piedz, ayant des aifles
au dos rompuees par la moictié, preffant vne Fortune
fous fes piedz: pour monftrer que la Victoire eft vn
partage hereditaire, & perpetuel en la maifon de Fráce, & qu'elle ne fenuolle iamais de leur race, comme
les autres qui ont des aifles inconftantes, & ne peuuent arrefter en vn lieu, la puiffance de laquelle Victoire, abaiffe & rompt toutes Fortunes tant audacieufes
qu'elle foient. Elle tenoit en fa main dextre vne bráche
de palme qu'elle prefentoit à la Maiefté fufdicte, pour
cófirmer ce que deffus. Et en l'autre main la tefte d'vne
Medufe, qui eft le figne de la guerre, pour monftrer le
moyen qu'a la France de refifter & faire tefte à ceux
qui vouldroint enuier fa Victoire & eux fafcher
qu'elle eft infeparable de nos Rois. Que partant le

C iij

plus grand-heur que puiſſent auoir nos voiſins eſt
d'eux rendre touſiours bons amis & confederez de
noſdictz Rois. Sous les piedz de laquelle Victoire
eſtoit eſcript en Grec

ΑΠΤΕΡΟΣ ΝΙΚΗ

Qui ſignifie,   *Victoire ſans aiſles.*
Et au deſſous en Latin,
Staret vt hîc, celeres Victoria perdidit alas.
Et ne fault oublier qu'audeſſus de chacune des niches
deſdictes deux figures eſtoit vne ſaillie portee ſur
deux conſolateurs, ou ſous le plat fond de chacune, deſquelles pendoit vn gros feſton de fruictz, ſignifiant fertilité, qui conuenoit fort bien pour l'ornement deſdictes deux figures.

Au deſſous de chacune deſquelles figures eſtoit vn
ſtilobate de proportion & ſaillie conuenable, ſelon
l'ordre d'architecture, dont le quarré de chacun repre
ſentoit le iaſpe, bien fort reſemblant le naturel.

Quand au berceau d'iceluy depuis le hault iuſques à
l'impoſt c'eſtoit vn compartiment de fueillages, rozes
& fleurs bien & dextrement elabouré, au milieu du
hault duquel eſtoit la deuiſe du Roy, qui ſot les deux
colonnes auec l'inſcription,

PIETATE ET IVSTICIA.

En l'vne des iouës de ceſt arc eſtoit vn tableau de riche & excellente peinture, repreſentant vne femme
couchee & appuyee ſur ſon coulde, ayant pluſieurs
mammelles & petis enfans à l'entour d'elle, enuironnee

de toutes fortes de fleurs, fruictz, efpicz de bled, &
grappes de raifin, tenant en vne main la corne d'Amal-
tee, & en l'autre la boëte de Pandore demie ouuerte,
& au deffoubz ce quatrain.

France heureufe en mainte mammelle,
Ceinte d'efpis & de raifins,
Nourrit des biens qui font en elle
Les fiens & fes proches voifins.

R.

En l'autre iouë eftoit vn autre tableau de peinture
trefagreable, auquel eftoiët depeintz quantité de faules
& ferpes pres les branches d'iceux. Signifiant cefte
France inuincible en quelque aduerfité qu'elle puiffe
auoir, comme l'on voit que les faules plus font coup-
pez tant plus foifonnent & multiplient: au defous
duquel eftoit efcript cest autre quatrain.

Malgré la guerre noftre Gaule
Riche de fon dommage croift:
Plus on la couppe comme vn faule
Et plus fertile elle apparoift.

R.

Telle fut la defcription de cest auant portail, auquel pour plus grande decoration eftoient en aucuns
endroictz mafques de bronze, mefmement à chacun
des coftez & fur la clef du milieu: enquoy ce peult con
fiderer que cest ouuraige auoit efte faict & côduict de
main de maiftre : pour duquel mieux faire congnoi-
ftre les particularitez, en est icy reprefentee la figure.

Depuis ceſt auant portail iuſques à l'entree de la
porte eſtoit vn berceau de menuiſerie couuert de lierre fort plaiſant à regarder, ayant les mailles d'vn pied
de large: en chacune deſquelles auoit des groſſes roza-
ces d'or de relief, qui conuenoient ſi bien auec la ver-
dure qu'il ſembloit que ce fuſt choſe naturelle & pro-
prement vn vray berceau de iardin tant il eſtoit bien
couuert d'vmbrage, à quoy aidoit & portoit faueur le
beau iour qu'il faiſoit lors. Ce berceau paſſé ſe trouuoit le boulleuert de la porte ſainct Denis, enuironné
d'vne ceinture de deux gros feſtons de lierre & or
clinquant, dedans laquelle eſtoient les armoiries du
Roy, de la Roine ſa mere, de la Roine ſon eſpouſe, Mó-
ſieur, monſieur le Duc, & Princes du ſang, enuironnees
auſſi de lierre & or ſemblable: qui ornoit grandement
ce boulleuert, à quoy ſa Maieſté demonſtra receuoir
grande delectation & plaiſir.

Par lequel arc, figures, deuiſes, & peintures d'iceluy
eſtât repreſenté l'antiquité & premiere origine de noz
Rois, enſemble la grandeur & fertilité de ce Roiaume
de tout temps inuincible en quelque aduerſité qu'il
luy ayt ſceu venir, en paſſant on a voulu ſommaire-
ment toucher par qui & comment il a eſté conſer-
ué de tant d'afflictions, & aſſaulx que luy ſont ſur-
uenus durant les troubles & guerres ciuiles: leſquelles
depuis dix ans ont par ne ſçay quel malheur trauaillé
ceſt eſtat.

A ceſte fin vn peu plus loing que ladicte porte
ſainct Denis à la fontaine du Ponceau eſtoit la figure
d'vne Deeſſe habillee à l'antique, dont le viſage rap-

portoit fingulierement bien à celuy de la Roine mere du Roy, laquelle auoit les deux mains ouuertes,
efleuees plus hault que fa tefte, pour fouftenir à peine vne carte Gallicane pleine de villes, bourgs, bour-
gades prez, foreftz, riuieres, montaignes, & vallees: au
milieu de laquelle carte eftoit efcript en groffe lettre,

GALLIA.

Au cofté d'icelle eftoient deux petits pilliers ou termes : fur l'vn defquelz f'efleuoit vn fceptre, & à cofté
vn œil & vne aureille: au pied duquel terme eftoit vne
Grue, vn Lieure, & vn Daulphin, pour faire entendre
que cefte Roine tref-uertueufe a fouftenu & fuppor-
té la France renuerfee & defreglee au plus fort de fon
mal: l'œil fignifiant comme auffi fait la Grue, le Lieure,
& le Daulphin la vigilance & promptitude dont elle
a vfé en fi grandes affaires: & l'aureille la facile audience qu'elle a prefté fans iamais fe facher d'importu-
nité.

Sur l'autre terme eftoit vne grande couppe & deux
mains qui la tenoiét, & au deffous deux cœurs attachez
& liez enfemble d'vn laqs d'amour, lequel fe ferroit au
tour de la prinfe de la couppe. Pres defquelz deux
cœurs eftoit vn luth, & encores au deffus de la couppe
vne efpee ayant le bout rópu, fignifiát le foing & extreme diligence dont cefte Dame a vfé pour appaifer les
troubles & guerres ciuiles de ce Roiaume. Car la
couppe eft le figne de confederation, les deux mains
& les deux cœurs liez enfemble d'vn laqs d'amour có-
tre la couppe, la reconciliation des deux partiz qui fe
font conioinctz amiablement enfemble (combié qu'il
fuffent au parauant tres ennemis) par vne bien heu-

reufe paix & concorde tant recherchee par ladicte
Roine, reprefentee par le luth : lequel combien qu'il
foit compofé de cordes differentes & diuers tons, fi eft
ce qu'eftant pouffé & manié d'vne main induftrieufe
rend de trefbons & armonieux accordz: ainfi que (graces à Dieu) a bien fceu faire cefte Roine, laquelle a fi
bien & heureufement accordé les parties difcordan-
tes, qu'il en eft forty vne trefdefiree paix, vnion, &
concorde : & a ofté le moien de la guerre fignifiee
par la pointe de l'efpee rompüe. A la verité qui confi-
derera cóme ladicteDame f'eft fagement conduicte en
tant de grandes affaires furuenues durant la minorité
du Roy & de nos Seigneurs fes enfans, & en fin auoir
rendu les chofes fi paifibles & conferué cefte couronne, ne peult nier qu'elle n'ayt efté par don & fpeciale
grace guidee de l'efprit de Dieu : eftant certain que la
prudence & fageffe & tout le confeil humain n'euft
peu fuffire à conduire & conferuer vn eftat fi battu &
agité, comme nous auons veu ceftuy cy depuis dix
ans.

A fes piedz eftoient les figures de Lucrece, Arthemife, Camille & Clœlie, en leurs habitz roiaux: pour
monftrer que cefte Dame a furpaffé Lucrece en cha-
fteté, n'aïant voulu depuis le decez du feu Roy Henry fon feigneur & mari rentrer en nopces : combien
qu'elle fuft en aage mediocre & de virilité pour ce faire. Qu'elle a paffé Arthemife en picté enuers fondict
Seigneur & mari : comme affes le demonftre l'entre-
prife indicible & admirable qu'elle a faict commen-
cer àSainct Denis en France, pour honorer fa fepul-
ture. Ouurage que lon peult dire l'vn des plus grandz,

merueilleux, & admirables du monde. Qu'elle a auſſi ſurpaſſé Camille en toutes affaires d'importance, ſpeciallement au faict de la guerre, où elle a d'vne grandeur heroïque & courage inuincible touſiours accompagné le Roy & Meſſieurs ſes freres, ayant outre le plus ſouuent elle ſeule faict pluſieurs grands, facheus, & perilleux voiages pour la conſeruation de ceſt eſtat, meſme au temps d'hyuer & des grandes gelees & glaces, ne trouuant rien difficile pour l'amour naturel qu'elle a porté & porte à noſdict Seigneurs ſes enfans, pour la manutention de ceſte courône de France : & pourtant lon auroit dit d'elle ce que dict Virgile au ſecond liure de ſon Æneide,

——*Ducente Deo flammam inter & hoſtes*
Expedior.

Et plus bas eſtoit vn tableau dedans lequel eſtoit eſcript en lettres d'or ſur fond d'azur,

De maintenir vn eſtat floriſſant

   En ſon entier n'eſt choſe trop commune :
Mais le ſauuer quand il va periſſant

   Il n'eſt donné en ce monde qu'à vne.

                   D. F.

Et pres deſdictes Lucrece, Camille, Arthemiſe, & Clœlie eſtoient quatres autres tableaux de pareille grandeur & façon, dedans leſquez à ſçauoir celuy qui eſtoit ſous Arthemiſe eſtoit eſcrit,

        ARTHEMISIA.

Non apud antiquas viduas fuit altera maior
Coniugis in cineres pietas atque oſſa ſepulti

                    D iij

Quàm meâ: teſtatur quod nobile Mauſoleum.
Tu tamen è viduis me ſola piiſſima vincis.

CAMILLA.

Auſa ego ſum virgo iuuenum tentare laborem
Scuta ſudémque tenens : & Martia bella frequentans
Fortiter occubui: tua ſed nunc gloria maior
Quæ ſenior medias acies pro Rege ſubiſti.

LVCRETIA.

Nulla pudicitiæ fama me fœmina vincit
Inter matronas veteres: quæ morte piaui
Non mea probra meâ: ſed te nunc vincor ab vna,
Quæ ſine morte probas fueris quàm fida marito.

CLOELIA.

Obſes pro patria Regi data, maſcula virgo
Tranſnaui ruptis Tyberini flumina vinclis:
Seruat Roma fidem: Rex me, ſoluítque puellas.
At tu non Tiberim, tota agmina rumpis inermis.

Sur laquelle deuiſe deſdictes quatre Dames ont eſté
faictz les quatre Sonetz qui enſuiuent par Monſieur du Faur Seigneur de Pybrac Conſeiller du Roy
en ſon priué conſeil & Aduocat general de ſa Maieſté.

ARTEMISE.

De saincte pieté en un Roial veufuage
    Quoy que l'honneur premier iadis m'en fust donné
    La mere des trois dieux sur son chef coronné
    Emporte iustement au-iourd'huy l'aduantage.

Ie luy cede le los de l'immortel ouurage
    Qu'à mon espoux i'auois pour sepulchre ordonné:
    Dont le Romain iadis de le veoir estonné
    Dans ces vers le nomma miracle de son aage.

Autant que mon Mausol en Roialle bonté
    Fut vaincu de Henry, d'autant est surmonté
    Son tombeau par celluy que la chaste Cybelle

Pour deffier l'oubly des siecles aduenir
    Deuote a consacré au triste souuenir
    De Henry son espoux qui vit tousiours en elle.

CAMILLE.

Le hazart des combatz en mainte & mainte sorte
   I'allois cherchant par tout vierge & fille de Roy,
   Le camp Troien i'auois lors mis en desarroy
   Quand ARONS de son dard me feit trebucher mort.

La mort ne me priua de l'honneur que lon porte
   Aux braues combatans qui meurent comme moy:
   TVRNVS ce preux guerrier honora mon conuoy
   Appuiant mon cercueil sur son espaule forte.

Vne lance, vn bouclier, vn coutelas trenchant,
   Vn escadron carré en bataille marchant,
   Sont les plaisirs que i'ay suiuis des mon enfance.

Ceste Roine a plus fait: car sans effort de bras
   Par victoire & mercy a mis fin aux combatz
   Et vni les Francois soubs vne obeissance.

LVCRESSE.

Sous l'effort mal-heureux de l'impudique force
    Mon corps resta vaincu, & mon esprit vainqueur:
    Le sang du coup mortel, dont ie nauray mon cœur
    Expia le plaisir de la charnelle amorce.

Ie feis voir au Romain que la femme qu'on force
    Bien qu'il semble qu'entier luy demeure l'honneur
    Absouldre lon ne doibt si son forcé mal-heur
    Estaindre par sa mort de sa main ne s'efforce.

Ainsi donc i'effaçay l'effort qu'on m'auoit faict
    Et vengeant de ma main en moy l'autruy forfaict
    Honteuse ne voulus à mon honneur suruiure.

Mais toy qui ne veis onc ton esprit assaillir
    De vice, ny le corps si proche de faillir,
    Tu doibs Roine vouloir icy longuement viure.

E

CLOELIE.

En la fleur de mes ans par le sort inhumain
 Au Roy Tuscan ie fus en ostage liurée,
 Mais à l'œil de son ost ie m'en suis deliurée
 Passant sur vn coursier le creux Tybre Romain.

L'obiect de ce hault faict rendit ce Roy humain,
 Car lors que par nos loix ie luy fus reliurée
 Guerdonant ma vertu d'vne riche liurée
 Les ostages rendit qu'il tenoit soubs sa main.

Si pour auoir passé sur vn cheual à nage
 Le Tybre, on va louant mon belliqueux courage
 Et Rome me reçoit en si pompeux arroy,

Que pourra meriter celle qui desarmée
 A, d'vn cœur indompté, trauerse mainte armée
 Pour le salut commun de la France & du Roy?

Le surplus des enrichissemens qui estoient au tour
de ceste fonteine sont representees par la figure sui-
uante.

Et pour ce que la porte aux peintres eft vne place
de tout temps dediee à telle folemnité y auoit en cefte
porte vn arc triumphal à deux faces d'ordre Corinthien de la plus belle & riche architecture que lon
pourroit inuenter, aorné de toutes les beautez artificielles qui fe pourroient imaginer pour vn tel ouuraige: eftoit ceft arc dedié à la grandeur de noftre Roy,
commemoration de fes ayeux & pere, & honneur de
Meffieurs fes freres, & ce d'autant que luy ayant efté
cy deuant reprefenté l'origine & antiquité de fes pre-
deceffeurs Rois de France, abondance & grandeur de
fon Roiaume inuincible, & comme il f'eft maintenu
nonobftant tant de diuers affaults, par la prouidence
de la Roine fa mere, fut aduifé pour continuer l'hiftoire luy dedier ceft arc triumphal: la haulteur duquel du rez de terre iufque à la fommité & fode eftoit
de fix toifes ou enuiron, fon ouuerture dans œuure de
quatorze piedz fous vingt deux & demy fous clef: à
chacun cofté duquel eftoient deux grandz ftillobates,
portans de plan en faillie deux colonnes de dixhuict
piedz de hault reprefentant le marbre mixte, faictes
de fculpture, frizees, canelees, & rudentees, ftriees iufques a la tierce partie & aornees de leurs bafes & chapiteaux feinctz de marbre blanc, enrichies de feuillages, cartoches, & rofaces. Les foufbaffementz tant de-
dâs que dehors eftoiét réplis de fifres, tabourins, enfei-
gnes, arcz, traictz, moriós, piftoles, & autres armes fein
tes de bronze, qui y donnoit fort bon luftre. Pardeffus
les chapiteux de ces colonnes regnoient l'architraue,
frize & corniche en leurs mefures efgallement felon
l'edict ordre Corinthien: dont l'architraue de la corniche reprefentoit le marbre gris & la frize vn feuilla-

ge d'or, esleué sus vn fond d'esmail de couleur d'azur, si industrieusement faict qu'il n'y auoit celuy de bon iugement qui ne s'arrestast pour le considerer.

Sur la clef de chacune face estoient les armoiries de France couronnees & entourees de chapeaux de triumphe le tout de sculpture, qui donnoient grand ornement à cest ouurage.

Pardessus ceste corniche estoit vn susbassement. Au milieu du hault duquel pour la memoire de defunct tres-uictorieux Roy Henry estoit vn vase à l'antique, lequel sembloit estre tiré dans le ciel par le bec & griffes d'vn Aigle estant au dessus. Lequel vase estoit poussé par dessous, & esleué des espaules & mains des petitz enfans Roiaux, sur lequel estoit vn cœur Roial couronné, demonstrant les cendres de ce bon feu Roy enfermees en icelluy, & le corps humain estre translaté en essence immortelle comme il est signifié par l'Aigle oyseau dedié a Iuppiter, vollant plus pres des cieux que nul autre, où se sont efforcez le pousser lesdictz petits enfans Roiaux, representant sa posterité ou ses heritiers par tous honorables moiens tant de sumptueuses sepultures, que tres-cheritable pieté en memoire d'icelluy. Et à l'entour estoit escrit,

Ερρίκȣ ἀποθέωσις.

Et sous lesdictz enfans,

Ὄλβιος ὅςε θανὼν χρόνον εὐσεβίαν λίπε τέκνϊν.

Pour signifier que,

Les hommes sont heureux
Et en leurs mortz louables

E iij

Qui laiſſent apres eux
Des enfans pitoiables

B.

De telle façon vſoient les Romains aux obſeques de l'Empereur Seuere, pour monſtrer qu'il eſtoit mis & receu au nombre des Dieux.

Au deſſous de ceſte vrne & en commemoration du grand François ſon ayeul, lequel reſtaura les bonnes lettres, eſtoit vn tableau repreſentant le bronze, auquel eſtoit depeint vn Cadmus ſemant des dentz en terre d'vn Dragon qu'il auoit tué, & ce d'autant que le Roy François de ſon temps tua le Dragon qui eſt l'Ignorance, & planta en France les bonnes lettres tant Hebraiques, Grecques, que Latines repreſentees par les dentz du Dragon ſemees.

Au coſté dextre de ladicte vrne eſtoit la figure d'vn Prince couronné repreſentant le feu Roy Henry eſtant entre deux colonnes: ſous l'vne deſquelles eſtoiēt pluſieurs liures fermez à groſſes boucles, & vn Elephant: & ſous l'autre vn grand Oeil en forme de Soleil rayonnant: l'vne ſignifiant la Religion catholique par leſdictz liures fermez auſquelz ſont cōtenu꞉ les ſaincts miſteres qui ne ſe doibuent communiquer ayſement au peuple. Et par l'Elephant la reuerance que nous deuons auoir à la Religion. Et l'autre la iuſtice par le Soleil rayonnant, qui eſtoit au deſſous, qui ſignifie l'Oeil de Dieu, lequel iour & nuit nous regarde, comme dict Orphee en ſes hymnes:

—Ο᾽ἰτε Δίκγοι

Λαὸν ᾽ϲαὸ σκολῆς, ὅι τ᾽ ἔμπαλιν ἰϑύϭοι.

C'est à dire : Ceux qui font bonne ou mauuaiſe
iuſtice au peuple. Ce que Homere a confirmé diſant,

Διὸς ἔκδικον ὄμμα :

L'Oeil de Dieu eſt iuſticier.

Par leſquelles deux colonnes le feu Roy Henry
ſon pere & ſes predeceſſeurs Rois ſe ſont maintenuz,
& auſſi ſans telz appuis vn Roiaume ne peult proſpe-
rer, ne long temps durer. Que à leur exemple noſtre
Roy a ambraſſé la religion & iuſtice, leſquelles pour
plus honorer il porte en ſes deuiſes.
Et audeſſous eſtoit eſcript en Grec,

Κίονας ἐκ πατέρος ἀρχῆς λάβεν ὑὸς ἔρεισμα.

Voulant dire,

Afin de maintenir ſon Roiaume proſpere
Ces colonnes ſouſtient, ainſi qu'a fait ſon pere.

B.

Que par ce moien la France ſe maintiendra touſiours, & ſubiuguera en fin tous ſes ennemis. Comme
il eſtoit repreſenté par vne autre figure, eſtant à l'autre
coſté : qui eſtoit vn Hercule depaint comme pour ac-
creuäter Anthee. Lequel Anthee touchant de la main
en terre feit ſortir des hommes, & fut à la fin luy & ſes
gens deconfit par la valeureuſe force d'Alcide, & audeſſous eſtoit eſcript en Grec,

Καὶ τῶν πλάσμα πεσόντι φέρει παλινάγρετον ἀκμήν,

Ἀλλ' ἔμπης ἐδάμη κρατερωτέρου ὕφι μαχηλῦ.

Pour l'interpretation deſquelz vers Grecs ont eſté
faictz les vers François, qui enſuiuent, par le poëte
deſſus nommé.

Bien que tout ennemy de France
Touchaſt ſa terre comme Anthé

Pour faire iſſir en abondance
Vn peuple aux armes redouté
Il ſera touſiours ſurmonté.
Car la France qui ne recule.
Pleine d'vn courage indomté
Reſemble au magnanime Hercule
Plus forte en ſon aduerſité.

R

Entre les deux colonnes de l'vn des coſtez dudict
arc eſtoit vne niche , dans laquelle y auoit vne figure
repreſentant la ville de Paris, bien richement reueſtue
aux coſtez de laquelle eſtoient deux fleuues , Seine &
Marne, aiant des liures fermez ſous l'vn de ſes bras, tenant d'vne main des faſces, & en l'autre vne nauire
d'argent, ſur la hunne duquel eſtoit attachee vne toiſon d'or , ſous ſes piedz vn Chien regardant derriere
ſon dos,& vn Coq. Ceſte ville eſt compoſee de Ville,
Cité, & Vniuerſité , dont le trafiq & commerce de
marchandiſe , qui ſe faict en icelle eſtoit repreſenté
par la toiſon d'or eſtant ſur le nauire. Et par les faſces, le Senat & Parlement qui ſe tient au Palais,aſſis en
la Cité & par les liures les artz & ſciences qui ſont en
l'Vniuerſité , laquelle ville chacun cognoiſt eſtre la
plus grande, riche, abondante en tous arts, ſciences,
& plus peuplee , que nul autre qui ſoit au monde, &
en laquelle il n'y a iamais eu confuſion ny deſorde,
ains a touſiours eſté bien gouuernee, & pollicee, par
la ſageſſe, & vigilance des gouuerneurs d'icelle ſi-
gnifiee par le Coq eſtás ſous ſes piedz. Et par le nauire
d'argent (qui ſont les armoiries de ladicte ville) qu'el-

le tient en l'autre main comme l'offrant & prefentant,
eft demonftree l'offre que font les habitans d'icelle à
leur Roy de leurs vies, perfonnes, & biens en toute
humilité denotee par le Chien regardant derriere fon
dos, d'autant que ceft animal eft le plus obeiffant à fon
maiftre que nul autre, & au deffous eftoit efcript,

Λεωκετ' εὐσεβίης μήτηρ, σοφίης τε δίκησι.

Signifiant,

Paris la grand cité des artz mere & nourrice
Seiour de pieté, fiege de la iuftice.

B.

A l'autre cofté dans vne pareille niche eftoit vne
autre figure reprefentant la genie de la France ayant
autour de fa tefte vne couronne de villes & Citez, vne
lance en vne main, & en vne autre des efpicz de bled,
& grappes de raifin, vn pied d'or, & l'autre d'argent: fignifiant que la ville de Paris n'eft feulement grande
des grandeurs cy deffus defduictes, dont elle eft remplie: mais de ce qu'elle eft affize en vn païs fertile &
abondant en tous biens. Auoit cefte figure le pied
d'or & l'autre d'argent, fignifiant les thefors inex-
puifables, dont la France eft remplie, & la lance la
dexterité du peuple de cefte nation, lefquelz naturel-
lement font les meilleurs genf-darmes du monde, &
toufiours preftz à eux deffendre fi quelqu'vn les veult
affaillir : & au deffous eftoit efcript,

Χαῖρε τροφῶν μήτηρ μεγαλη, μείζων δὲ καὶ ἀνδρῶν.

Comme volant dire,

France ie te faliie, heureufe tu te nommes
Pour eftre grande en biens: mais bien plus grande en hommes.

B.

F

Telle eſtoit la premiere face de ceſt arc, duquel les pilles feintes de pierre mixte conuenoient fort bien à la decoration d'icelluy, & pour ne plus ennuier le lecteur des particularitez qui y eſtoient en eſt icy repreſenté le pourtraict.

Sur quoy furent faictz les vers Latins qui enfuiuent par Iean Dorat poete du Roy es langues Greque & Latine : que ie puis dire fans faire tort aux autres le premier de l'Europe. Par lequel auffi ont efté faictz tous les vers Grecs & Latins contenus en ceft œuure, excepté ceux qui ont efté tirez des anciens, ainfi qu'il eft contenu en fon epigramme eftant au commencement de ce liure.

Felix Rex, cui contigerint felicia dona
Tot cælo indulgente: tibi nam magnus & armis,
Artibus & maior Francifcus, præftat auitum
Exemplum ad virtutis & omnis, & artis amorem:
Cui tribus hæc linguis celeberrima condita fedes.
Hinc fatus Henricus genitor tuus ille, paternæ
Nec virtutis egens, nec honeftæ degener artis,
Francorum regnum, quod fumpferat à patre magnum,
In maius fpatium diuerfis finibus egit,
Plurima cùm fuperis pugnaffet bella fecundis.
Nec materna minus fauet indulgentia diuûm
Blanda tibi, flos Italiæ Catharina creatrix
Cui fuerit, natis vt fœcundiffima matrum
Egregiis, fic & natis pia mater alendis,
Seruandífque inter bellorum fumma pericla,
Fœmina fœminei dux prudentiffima fexus.
Accedit tribus his quartus fauor ille deorum,
Quòd fratres tot, támque pios fortéfque dederunt.
Hæc tot magna fauens tibi cùm conceffèrit vltrò

CAROLE *dona Deus:maius tamen omnibus vnum*
Addidit his donum, quo non felicius vllum:
Quòd tu non tantùm forma, nec viribus æquas,
Acribus aut animis robur genitoris, auíque,
Sed magis & cura pietatis, iufticiáq;.
Nifus vterque quibus geminis pernicibus alis
Suftulit in cælum Francum noménque decúfque
Quâ licuit: fed non fimul omnibus omnia poffe
Maxima Dij tribuunt. aliquâ tuus eft tenus olim
Vt progreffus auus, fic & pater: vltima reftant
Nunc tangenda tibi tantæ faftigia laudis.
Perge modò, & quâ fata vocant, fequere impiger vltrò,
Ferrea vt è terris nobis iam fecla repellas,
Aurea & è cælo reuoces : quibus omnia tuta,
Omnia læta piis & iuftis gentibus, illo
Vt fene falcifero quondam regnante vigebant,
Sic nunc liligero vigeant te Carole Rege:
Aut etiam tantò melius, quantò fenis æuo
Confecti potior tua pulchra, vigénfque iuuentus.

De l'autre cofté eftoit vne figure reprefentant le
Roy affiz en fa chaire de Maiefté, deuant lequel e-
ftoient Vertu & Fortune fe ferrant les mains l'vne dedans l'autre: ce Roy empoignant de fa dextre leurs
mains, pour monftrer que les Empires ne fe peuuent
efleuer, ne entretenir, fi la Fortune n'accompagne la
Vertu, qui font deux qualitez, dont oultre tant d'autres, noftredict Roy eft doué. Et audeffus eftoit efcript

Αρχομζδης ἀρετῆς ἀγαθὴ τύχη αἰὲν ὁμαρτεῖ.

Signifiant,

Quand vertu va deuant la deeſſe Fortune,
  Aux affaires des Rois eſt touſiours opportune.

B

Au coſté droit y auoit vne figure reſſemblant à Mōſeigneur le duc d'Anjou frere du Roy portant en ſa
main ſeneſtre deux grandes couronnes de laurier, en
la main dextre ſon eſpee nue, dans laquelle eſtoient des
petites courónes tát de feuilles de cheſne que d'herbes
obſidionáles & muralles: aupres duquel eſtoit vn foul
dre aux raions mouſſu & non pointu. Les couronnes
grandes & petites, & ládicte eſpee, repreſentoient les
grandes & petites victoires qu'il a pleu a Dieu luy
donner: Et le fouldre couuert, la bonté & clemence
de ce Prince ſous lequel eſtoit eſcript,

Μειότεροι σέφανοι πρεγαέθλια μείζοσίν εἰσιν

Εσσομῥύοις μετόπισθε νέης νέῳ ἐκ βασιλέιης.

Pour l'interpretation deſquelz ont eſté faictz ces vers,

Ces couronnes ne ſont que l'erre

D'vne plus grande qu'il doibt auoir,

Quand vn Roiaume en autre terre

Aura ſoubſmis à ſon pouuoir.

R

Au coſté ſeneſtre eſtoit vne autre figure tirant à la fa
ce de Mōſeigneur le duc d'Aléçon frere du Roy, des
piedz duquel ſortoit vne eſtoille ſemblant mōſter au
hault de ſon chef pour denoter que la bonne & naiue
nature, enſemble tout le bon-heur du Roy François
ſon ayeul (duquel il porte le nō) eſt retourné en luy,
comme nous voions que les planettes ſont vne partie

de l'an ſous terre ſans nous apparoiſtre, puis retour-
nant ſur noſtre hemiſphere reluiſent belles & claires
au Ciel comme deuant: au deſſous de laquelle figure
eſtoit eſcrit,

Φραγκίσκȣ μεγάλοιο Φυὴν μίιαν ἀηγέιρ̣.

Surquoy ont eſté faictz ces vers François.
Du grand François ornement des grandz Rois
La bonne indole & l'ancien genie
Qui au tombeau luy feirent compagnie
Sont retournez en ce nouueau François.
                    R.

En l'honeur de tous les trois fut fait par ledict
Sieur de Pybrac le Sonet qui ſenſuit.

Le premier eſt mon Roy, duquel moins ie n'eſpere
   Que de ces preux aieulx, qui par illuſtres faictz
   D'heroïque vertu, feux diuins ſe ſont faictz
   Et vont ores roulant au plus hault de la ſphere:

Le ſecond eſt vn Duc que Fortune proſpere
   A faict vaincre & dompter les guerriers plus parfaictz,
   Lors que mal conſeillez nous nous ſommes deffaictz
   Pour aſſeurer l'eſtat du voiſin aduerſaire:

Le tiers vn iour n'aura moins de grace & bon heur
   Que de grauer au ciel les traictz de ſon honneur,
   Par la vertu qu'il a dedans ſon cœur emprainte:

France ie ne te puis ſouhaiter plus de bien
   Que veoir ſes trois vnis par eternel lien
   Sous l'honneſte debuoir d'vne amitié non fainte.

Sur le milieu de l'arc, estoit vn tableau representant le bronze dans lequel y auoit vn Mercure d'Ægypte aiant deux testes comme Ianus, l'vne vielle & aiant longue barbe pour le conseil, & l'autre d'vn ieune homme pour l'execution, dont Ouide parlant en ses Fastes dit.

Hæc ætas bellum suadeat, illa gerat.

Et ce pour monstrer que rien ne se faict en France sans conseil. Et au bas estoit escript en Grec,

—ɣδὲν ατɛϱ βɣλῆς *Qui veult dire, Rien sans conseil.*

De toutes lesquelles grandeurs de nostre Roy ne se pouuant ensuiure qu'vne liesse publique, & aage doré renaissant en ce Roiaume, feurent mises en deux niches, qui estoient entre les colonnes de chacun co-sté, deux Nimphes : l'vne representant liesse publique dicte Aglaie au costé droict, reuestue de pare-mes honorables & beaux, aiant sur sa teste vn chap-peau de fleurs en signe de toute honneste liberté, te-nant en vne main vn chariot de triumphe, & en l'au-tre vn gros bouquet de fleurs, vne girlande en eschar-pe à l'entour d'elle, & plusieurs autres girlandes & pieces d'or, & d'argent respandües à ses piedz: au des-sus de laquelle estoit escript,

Læta fero Gallis, ludos, spectacula, pompas.

Et en l'autre coste vne autre nymphe representant l'age doré, laquelle sembloit descendre du Ciel au tra-uers de plusieurs nues, dont elle estoit demi couuer-te, ayant son vestement tout semé d'estoilles, & les

bras plus hault esleuez que sa teste pour soustenir trois
Serpens dorez entrelassez l'vn dans l'autre, & se mor-
dans par la queüe : signifians les trois aages . A costé
d'elle estoit vne faulx & plusieurs ronses fauchees, signifiant les noises & dissentions estre couppees par le
benefice de la paix. Et estoit escript au dessus d'elle,

Aurea secla ferens terras Astræa reuiso.

Dont ne se pouuant ensuyure qu'vne augmentation de l'Empire & monarchie de nostre Roy, furent
mis deux tableaux dans les flancz & costez de cest arc:
en l'vn desquelz estoit vn Soleil leuant enrichi de ses
propres ornemens, qui sont son chariot & cheuaulx,
& vne Aurore allant au deuant remplissant tout le vuide du Ciel de girlandes, rozes, safran, & fleurs de liz:
sur l'vne des roues duquel chariot estoit vn coq oiseau dedié à telle planete, qui de son naturel imite à
son leuer & coucher le cours du Soleil.

Au bas de la roüe estoit aussi vn Cancre pour representer le chemin que le Soleil faict à reculons du trop-
picque estiual, iusques au Capricorne troppique hy-
bernal: au bas duquel tableau estoit vne grande mer,
de laquelle sortoit à demi corps la belle deesse Thetis,
receuant entre ses bras le Soleil couchant. Au dessus
apparoissoit entre plusieurs nues obscures & rouge-
astres l'estoille dicte Vesper, sous lequel tableau
estoint escritz ces vers de Virgile.

Omnia sub pedibus, quâ sol vtrumque recurrens
Aspicit Oceanum, vertique regique videbit.

Et à l'autre tableau eſtoit depeint vn grand ſceptre porté de byais par l'aire de l'air qui du bout d'em-
bas touchoit la mer, & de celuy d'enhault orné de
deux aiſles touchoit le Ciel, pour monſtrer que le ſcep
tre de France n'aura autres bornes de ſa victoire que
l'ocean, & de ſa renommee que le Ciel: autour duquel ſceptre eſtoit eſcrit ceſt aultre vers de Virgile.

Imperium Oceano, famam qui terminet aſtris.

Et pour faire entendre que cela ne luy eſt ſeulement
acquis par les grandeurs ſuſdictes, mais que la deſtinee
y conſent, eſtoit vne Iuno au deſſus, qui nuit ordine-
rement aux entreprinſes des perſonnages de grand
cœur, & par mille trauerſes s'oppoſe à leur vertu: teſ-
moing Hercule, Ænee, & pluſieurs autres vaillains
capitaines de l'antique ſaiſon: laquelle aſſize ſur le
courbe de ſon arc en Ciel, touchoit d'vne main ce ſcep
tre comme conſentant que noſtre Roy ſoit ſeigneur
de l'vniuers & pres d'elle eſtoit eſcript,

Fata ſinunt.

Et au deſſous de ce tableau,

Rex cui talis auus, genitor, mater pia, fratres,
Quæ magna accepit, natis maiora relinquet.

Au milieu de ceſt arc dont le fond du berceau e-
ſtoit paré d'vn compartiment de feuillages, remply
des armes, chiphres, & deuiſes de Roy pendoit vn tableau double, en l'vn des coſtez duquel regardant la

porte ſainct Denis eſtoient eſcriptz ces vers,

Vous auez pour aieulx d'vne heureuſe naiſſance
Tant de Rois conquereurs, & vn frere vainqueur
Vn Paris qui vous offre & ſes biens & ſon cœur
Et vn ſi grand Roiaume en voſtre obeiſſance.

B

Et à l'autre coſté regardant vers le Sepulchre,

Doncques vous ſurpaſſez de tous Rois la puiſſance
Et ne ſ'en trouerra qui puiſſe auoir ceſt heur
De pouuoir à la voſtre eſgaller ſa grandeur,
Car Roy en terre n'eſt ſi grand qu'vn Roy de France.

B

Et pource que l'heureux & bien fortuné mariage
du Roy, eſt la principalle cauſe de noſtre felicité preſente, fut mis deuant le Sepulchre, vne grande forme
de perron, à l'entour duquel eſtoient deux marches
baſſes, ſur leſquelles eſtoit porté vn grand ſtillobate
d'ordre Tuſcan & Dorique de douze piedz de hault,
duquel les plaintes à l'entour des encoigneures eſtoiét
feintes par aſſiettes de ruſtique. Dont le fond de chacun carré repreſentoit vne pierre de marbre mixte, ſur
laquelle eſtoit poſé vn pied-d'eſtail. Aux quatre coins
eſtoient quatres Aigles feintz de bronze portans feſtós
de lierres, & au deſſus vne pille ſeruant de marche-
pied, pour porter vn grand Coloſſe de dix piedz de
hault, qui eſtoit vne nopciere Iunon, qui preſide aux
mariages. En l'honneur de la Roine ſa mere, laquelle
ne ſ'eſt contentee d'auoir ſainctemét endoctriné Meſ-

sieurs ses enfans, & nourry des leur ieunesse en la religion tressaincte & catholique : soustenu à cause de leurs minorité tant de grandz & insupportables affaires. Auroit d'abondant comme tressoigneuse mere pourchassé la plus grande & insigne alliance de toute l'Europe, & marié nostre Roy auec Madame Elizabet d'Austriche fille de l'Empereur Maximilian en l'intention de ne moins faire à l'endroit de messeigneurs ses freres, & de les allier auec le temps aux plus grandz monarques, afin d'auoir ce bon heur de veoir des enfans issus des siens, qui a la façon des Cicognes la puissent honorer, reuerer, & soustenir en sa vieillesse, ainsi qu'auec si grande diligence, & soucy elles les a nouris & preseruez en leur si bas aage, & estans demeurez orphelins de leur pere & seigneur.

Ceste Iunon estoit faicte d'estuc si blanc & bien taillé qu'il n'y auoit celluy, qui ne le print pour vray marbre. Elle estoit habillee à l'antique aiant vn septre d'or en main, vn croissant pres de sa teste, en ses piedz des patins dorez, & l'Iris qu'arc en Ciel pres d'iceux : auec l'oyseau, duquel Theocrit faict mention en son liure, au bas de laquelle estoit vn grand tableau, dedans lequel estoit escript ce Sonet.

SONET
de Pierre de Ronsad.

Catherine a regi la nauire de France
    Quand les ventz forcenez la tourmentoient de flotz,
    Mille & mille trauaux a porté sur son dos
    Qu'elle a tous surmontez par longue patience.

Ceste Roine qui n'eut sa pareille en prudence
    Veillant pour ses enfans nos Princes sans repos
    Au temps qu'vn chaste amour vint allumer leurs os
    Les fait Roines & Rois par nopciere alliance.

Cest elle qui l'oliue en la France rameine
    Alliant nostre Roy à la race Germaine,
    D'ou vient à ce Roiaume vn bon heur renaissant:

Et Paris qui la voit si sage & si prudente
    Luy donne de Iunon la figure presente,
    Ensemble corps & biens d'vn cœur obeissant.

Et à vn autre costé estoient escripts ces vers Latins,

Iunxerat Italiæ quæ nubens omine fausto
Iuno Ioui Gallos, nunc pronuba iungit eosdem,
Germanis, vt tres populos coniungat in vnum
Inuictum reliquis, quos magnus continet orbis.

Et à vn autre costé estoit escript en Grec,

Ε'ις γάμον ἡ ῥίαν γαιμίν ποτίερχεται ἤρη.

Voulant dire,

Aux nopces des grandz Rois Iuno faisant honneur
Assiste voluntiers, pour leurs porter bon heur.

B.

Le surplus des singularitez qui y estoient se pourra considerer par le pourtraict qui en est icy representé.

En l'honneur duquel mariage eſtoit deüant la fontaine de ſainct Innocent vn autre grand coloſſe de pareille haulteur que celuy de Iunon, porté ſur pareil
pied d'eſtail & ſtillobate, de la meſme meſure, forme,
& enrichiſſement. Ceſtoit la figure du Dieu Hymenee en forme d'vn ieune homme, embelli d'vne petite
barbe follette, creſpelüe, & longs cheueux. Il auoit
quatre flambeux à l'entour de luy, & vn qu'il tenoit en
l'vne de ſes mains, faiſant le cinquieſme, pour ce que le
nóbre quinaire eſt dedié à ce Dieu, de laquelle façon
ont vſé les anciens Romains au iour de leur mariage,
& en l'honneur d'iceluy dieu faiſoient allumer cinq
flambeaux durant la premiere nuit de leurs nopces.

De l'autre main il tenoit vn voile de couleur iaulne duquel les eſpouzees ſouloient cacher leurs viſage à la premierre veüe de leur mary, afin qu'on ne
veit la honteuſe rougeur de leurs faces. Il eſtoit couronné de fleurs entremeſlees de marjolaine, & de mir-
the, veſtu d'vn long manteau de couleur orangé trouſ
ſe ſur l'eſpaule, & en ſes piedz des brodequins de iaulne doré.

A l'vn de ſes coſtez eſtoit vn petit Amour ſerré par
le corps d'vn demyceint à groſſe boucle, pour denot-
ter qu'il fault que l'amour de mariage ſoit arreſté cha-
ſte & lié.

A l'autre coſté eſtoit vne Ieuneſſe, ſur laquelle il s'a-
puioit, ſignifiant qu'il fault entrer en nopces durant
la verdeur de l'aage ſans attendre ſi tard : afin de pouuoir voir ſes enfans grandz, & auoir le plaiſir de les

pouruoir, & aduancer: qui est le plus grand heur &
bien que puisse auoir vn grand Prince & monarque,
par dessus ses autres grandeurs. Sous les piedz de ce
petit Amour estoit vne sphere, representant le monde,
pour monstrer que rien ne vit en ce monde, qui ne
soit subiect à l'amour, affin de faire renaistre d'espece
vn espece son semblable pour l'entretenemét, de l'immortelle mortalité, suiuant ce que dit Platon.

Autour de ceste sphere, estoient force pommes d'o-
réges & girlandes faictes de Rozes & de liz, qui deno-
toient que la ieunesse s'amuse plus volontiers aux
choses de plaisir, qu'à son profit, Quant aux pommes
d'orenges, qui signifient l'or, chacun scait combien
l'or est desiré en l'amour: tesmoing Athalante, qui en
fut surprinse, & vaincue; & aussi que les pommes cóme ayant formes rondes, sont tousiours dediees à
Cupido. Philostrate en ses images en donne ample co-
gnoissance. Sous les piedz de cest Hymenee estoit vn
cheureau animal lascif, pour signifier l'ardeur amou-
reuze de iunesse, laquelle est d'autant plus desireuse
du mariage qu'elle est plus chaude & pleine d'humi-
dité. Et tout aupres estoit vne corneille, denotant la
fermeté inuiolable qu'on doibt s'entregarder en mariage, pour ce que tel oyseau, comme la tourterelle,
ne se racouple iamais apres qu'elle a perdu son premier party.
Il y auoit aussy des petis enfans, & autres animaulx
qui sortoient de petites pellicules & thaies, signifiant le mot Grec ὑμὴν Hymen. Bref pour monstrer que
toutes choses sont immortelles ar le succes de gene-
ration.

H

Au bas de ceſt Hymenee eſtoit ce Sonet
dudiƈt Ronſard.

Heureux le ſiecle, heureuſe la iournée
   Où des Germains le ſang treſ-ancien
   S'eſt remeſlé auec le ſang Troien
   Par le bien-faiƈt d'vn heureux Hymenée.

Telle race eſt de rechef retournée
   Qui vint iadis du filz Heƈtorien,
   Que Pharamond prince Franconien
   Feit regermer ſous bonne deſtinée.

O bon Hymen, bon pere des humains
   Qui tiens l'eſtat de ce monde en tes mains
   Bien fauorable à ce ſainƈt mariage,

Qu'vn bon accord ne face qu'vn de deux
   Et que les filz des filz qui viendront d'eux
   Tiennent la France eternel heritage.

Et à l'autre coste ces vers Latins.

Fœlix ducit Hymen fœlicia numina secum:
Hinc Amor est castus, matura sed inde Iuueuta.
Casta placent superis, vigor est iuuenilibus annis,
Hinc soboles Regum pietate armísque potentum.

   Et à l'autre costé en Grec,

Ἄτνὸς ἔρως νεότητα νίαν εἰς λέχτρα ἢ ἀτνδὴ.

Comme voulant dire.

Le Dieu de chaste amour, & la sage iunesse
Honorent en ce lieu nostre Prince & Princesse.

                                              B

   Ne fault obmettre que oultre tant de singularitez
qui estoient en ce theatre, y estoient representez les e-
lemens du feu & de l'eaue, assauoir du feu par lesdictz
cinq flambeaux brulans, faictz d'vn odeur aroma-
ticque, dont la fumee estoit plus odorante que de la
plus forte siuette musc, ou ambre gris que lon pourroit trouuer, & l'eau naturelle par deux gros muffles
de bronze venát de la fontaine sainct Innocét proche
dudict theatre: qui estoit vne chose fort belle à veoir.
De laquelle fontai ne qui meriteroit bien vn pourtrait à part ne feray aucune description pour ce qu'elle
se peult encore veoir en son estre. L'excellece de l'ou
urage de laquelle bien conside ré se peult dire l'vn des
chefz d'œuure du monde, en ouurage de massonnerie
& arc hitecture Et.quant audict theatre le pourtraict
en est icy au peu pres representé.

                          H ij

Paſſant plus outre & venant deuant le Chaſtellet
en la place nommee l'Apport de Paris ſe preſentoit
vn autre ſpectacle de platte peinture qui eſt bien à remarquer. Ceſtoit vne grande perſpectiue, ſur laquelle
regnoit vne Corniche repreſentant le marbre gris, laquelle auoit ſix toiſes & demie en largeur, ſous cinq
toiſes & demie de hault, en laquelle on voioit de loing
vn double rang de colonnes repreſentant auſſi le marbre gris ornées de leurs baſes & chapiteaux tant bien
dreſſees & couchees, qu'il ſembloit cõbien que ce ne
fut qu'vne plate peinture, qu'elles fuſſent vraiement
eſleuees & diſtantes bien loing l'vne de l'autre.

Au deſſus d'icelle ſe voioit vn double rang de feneſtres renfoncé bien auant en perſpectiue: remplies
de Dames, & Damoiſelles regardant par ces feneſtres
comme ſ'il y euſt eu vne rüe en icelle.

A l'vn des coſtez eſtoient deux grandes colonnes
telles que le Roy les porte en ſa deuiſe, auec l'inſcription (*Pietate & Iuſtitia*) au bas deſquelles eſtoient les
figures de Religion & Iuſtice.

A l'autre coſté eſtoient deux autres colonnes de
pareilles grandeur & proportion, en l'vne deſquelles eſtoient les armories du Roy, & en l'autre celles de
la Roine. Les deux colonnes repreſentans les mai-
ſons de Frãce, & d'Auſtriche, qui ſe ſõt ainſi alliees par
ce mariage : au bas d'icelles eſtoient les figures de Clemence & Fœlicité comme ayant eſté ce mariage la
principalle cauſe de la Clemence dont le Roy a vſé
enuers ſes ſubiectz par ſõ edict de pacification, & par

conſequent de noſtre felicité preſente & aduenir.

Au milieu de ceſte perſpectiue eſtoit vn Palais baſty
d'autres colonnes, a l'entree duquel & ſur vn grand
perron auquel il failloit monter par cinq, ou ſix degrez, ſeoit vne Maieſté ſous vn pauillon appuiee ſur
des coiſſins de velours verd, tenant vn ſceptre d'or en
ſa main dextre, aiant à ſes piedz d'vn coſté vne figure
repreſentant Crainte, au bas de laquelle eſtoit eſcript
(TIMOR) Et á l'autre coſté vne autre figure, repreſentant Honte, au bas de laquelle eſtoit eſcripr (PVDOR)
Signifiant que d'oreſenauant la Maieſté du Roy ſera
plus crainte. Et que chacun venant à ſon mieux pen-
ſer, la reſpectera dauantage. Au bas duquel perron y
auoit vne table d'attente en laquelle eſtoient eſcripts
ces vers,

Magna licet naſcens Maieſtas regia creuit
Quæque ſuo ſub Rege : ſed incrementa recepit
Maxima ſub Magnis primo & te CAROLE *nono.*

Et ſous les figures de Religion, & de Iuſtice eſtans
ſous les colonnes cy deſſus mentionees eſtoit eſcript.

Iuſticia & pietas veterum cuſtodia Regum
Maieſtatis habent ante alta palatia ſedem,
Stipantes regale latus vi tutius omni.

Et deſſous les figures de Clemence & Felicité eſtant
au bas de deux autres colonnes eſtoit eſcript,

Sæpe graues Regum Clementia temperat iras:
Pacis ob idque sacram fert dextera pignus oliuam:
Cui comes est fœlix cunctarum Copia rerum.

Et plus hault sous lesdictes armories du Roy & de la Roine posee contre lesdictes colonnes representans les maisons de France & d'Austriche estoit escript,

Dum stabit iunctis Maiestas fulta columnis
Francæque Austriacaq;, domus durabit in auum.

La figure d'icelle icy representee demonstrera le surplus.

PIETATE·ET·IVS-
TITIA·

FELICITAS·ET·
ABONDACIA·

TIMOR   ·MAGESTAS·   PVDOR

De là fe trouuoit le pont noftre Dame, à l'entrée
duquel eftoit vn arc triôphal d'ordre Tufcan, & d'vne
mode qui iamais n'auoit efté veüe, duquel l'ouuerture
eftoit de douze piedz dans œuure fous vingt & deux
fous clef, le bas iufque à la haulteur de l'architraue
faict de rochers parmy lefquelz eftoient meflez des
coquilles de limax, & herbages telz qu'on les veoid
aux bordz des riuieres.

Sur la clef de ce berceau y auoit deux grands Daulphins & vn cancre au milieu, lefquelz Daulphins fou-
ftenoient vne grande table d'attente. Au cofté de laquelle eftoient deux ftatues l'vne d'vn viel homme
chenu aiant longue barbe, coronné de rozeaux &
de ioncz: & l'autre d'vne femme aiant grandz cheueux, tenant l'vn & l'autre vn grand auiron, & vne
cruche iectant eaue en abondance, fur lefquelles ilz
f'appuioient: pour reprefenter les fleuues de Marne, &
de Seine qui fe rendent en ladicte ville, à l'endroict de
laquelle eaue refpandüe, eftoient force petitz arbrif-
feaux & quâtité de mouffe entremeflez auec plufieurs
petitz Lezardz & Limax grauiffans.

Au deffus de la corniche qui regnoit pardeffus le
berceau & voute de ceft arc, eftoit vn grand nauire
d'argent, fous laquelle fe voioit vne riuiere. A cofté
duquel nauire, qui reprefentoit non feulement la ville de Paris, mais auffi tout le Roiaume de France (D'autant que ladicte ville eft l'exemple auquel tous les autres fe mirêt) eftoient les iumeaux Diofcures qui font
les figures, de Caftor & Pollux refemblâs de vifage au
Roy & Monfeigneur, faictes d'or, & aians chacun vne

I

eſtoille d'or ſur leurs teſtes, leſquelz ſouſtenoient ce
nauire, comme l'aiant ſaulué d'vne grande tempeſte &
orage, & fut ceſte repreſentation prinſe, ſur ce que
Caſtor & Pollux ſont eſtoilles de treſ-heureuſe ren-
contre, & certain preſage de temps calme, quand ilz ap-
paroiſſent aux mariniers au plus fort de la tempeſte.
Auſſi la preſence de ces deux grandz Princes freres
nous ſignifie non ſeulement la ſaluation du naufrage, mais toute aſſeurance de repos & tranquillité à l'ad
uenir,

Au deſſous duquel nauire en la table d'attente cy
deſſus ſpecifiee eſtoit eſcript.

Puis que ces aſtres clairs Dioſcures nous ſont
Apparuz en ce lieu apres ſi grand orage,
Ceſte nef & les ſiens doreſnauant pourront
Voguer libres par tout, ſans crainte du naufrage.

B

Et a coſté deſſous la figure de Caſtor.

Nobilium Caſtor quondam moderator equorum,
Núncque ratum, grauis hæc quo ſalua regente carina.

Et à l'autre coſté deſſous Pollux.

Dum geminus gemino ſtabit cum Caſtore Pollux,
Non metuet ſæuas ratis hæc iaɛtata procellas.

SONET
de Pierre de Ronsard.

Quand le nauire enseigne de Paris
  (France & Paris, n'est qu'vne mesme chose)
  Estoit de ventz & de vagues enclose
  Comme vn vaisseau de l'orage surpris,

Le Roy, Monsieur, Dioscures espritz
  Freres & filz du Ciel qui tout dispose,
  Sont apparuz à la mer qui repose
  Et la nauire ont saulué de perilz,

De Iuppiter les deux enfans iumeaux
  Ne sont là hault, ni si clairs ne si beaux,
  Iamais Argon ne fut si bien guidee:

Autres Thyphis, autres Iasons encor
  Ameneront la riche toyson d'or,
  En nostre France & non point de Medee.

Et à fin de faire cognoiſtre par quel moïen ces
deux Princes ſont auiourd'huy ſi beaux, clairs, & dei-
fiez, veu les orages, & tempeſtes, qui ont eſté depuis
dix ans en la France, eſtoit vn tableau de peinture
dans l'vn des flancs de ceſt arc, auquel eſtoit depeint
vne mer enfleé & vn grand monſtre marin à l'vn des
boutz d'icelle, lequel faiſoit contenance de deuorer
à gueule béé les petitz Glauques ou Dauphineaux e-
ſtantz preſt de l'autre bout de la mer ſous la garde &
protection d'vn grand Dauphin, leur progeniteur,
lequel les couuroit de ſes aiſles le plus qu'il pouuoit.
Mais ce voiant preſſé par le monſtre marin les aualoit
& receloit en ſon eſtomach comme en lieu de toute
ſeureté, iuſques à ce que ledict monſtre fut paſſé oultre. Lequel paſſé rendoit ce Dauphin ſes petitz ſains
& entiers.

A l'exemple duquel Dauphin, la Roine a bien ſceu
garder noz Princes ſes enfans petitz, & en bas aage,
contre toutes aduenues & effortz, & en fin iceux rendu ſains, entiers & apparens telz qu'ilz ſont au iour-
d'huy. De laquelle nature des Dauphins Oppian
poëte Grec a doctement eſcript, duquel les vers Grecs
qui eſtoient ſous ce tableau ont eſté extraitz.

Ἀμφιχανὼι κατεδίκτο χξ' σῶμα, μέσῳ ἰότε δῖμα,

Χάσηται, τότε δ'αὖθις ἀνέπλυσι λευκανίηθεν,

Signifiant,
    Le Dauphin pour ſauuer ſes glauques de danger
    Quand le monſtre marin deuorer les pourchaſſe,

Les remect en son corps faignant de les manger
Puis le monstre passé les rend sains en la place.

Et pour faire entendre d'abondant comme ceste
Dame a sagement procedé pour maintenir l'estat de
la France, estoit vn autre tableau en l'autre ioüee, dans
lequel estoient deux ruches à miel, desquelles les mou
ches sorties auoient vne cruelle guerre les vnes contre
les autres, chaque bande conduicte par son Capitaine, & vne main iectant de la pouldre menüe par dessus à l'endroict où estoit le plus grand conflict. Par le
moien de laquelle pouldre s'appaisoient & retour-
noient toutes en leurs ruches.

Par ceste main espandant la pouldre, estoit signi-
fiee la prudence & sagesse d'icelle Roine, laquelle a accordé les deux partiz & faict retourner chacun en sa
chacune par l'edict de pacification, duquel cy apres
sera faict plus ample mention. Au dessous duquel tableau estoient escritz ces vers de Virgile,

Hi motus animorum, atque hæc certamina tanta
Pulueris exigui iactu compressa quiescunt.

Le reste de l'arc par enhault estoit vn compartit-
ment dressé fort industrieusement. Duquel le pourtraict est icy rapporté au plus pres du naturel.

L iij

Paſſant lequel arc & entrans dans le pont noſtre Dame, ſembloit que ce fuſſét les champs Eliſees tant il eſtoit reueſtu de toutes pars de decoration & magnificence, n'y aiant maiſon celle part où il n'y eut vne nymphe, ou naiade releuée en boſſe repreſentant lo naturel, les vnes chargees de fruitz, les autres de fleurs, autres de raſins, autres d'eſpicz de bled comme les offrant & preſentant au Roy, pour monſtrer l'abondance de toutes choſes eſtre retournee en France par le moien de ſon edict de pacification : entre leſquelles y auoit des feſtons de lierre, & grandes armories entredeux tant dudict ſieur Roy, de la Roine ſa mere, meſſeigneurs ſes freres que de la ville de Paris, le tout dreſſé & couché par meſure & proportion conuenable, ſans qu'il y euſt vn point qui paſſaſt l'autre.

Le deſſus eſtoit vn double compartiment de lierre dreſſe en platte forme par parquetz & entrelatz de meſure parmy, leſquelz eſtoient autres armoiries auec chiffres, deuiſes de diuers ornemens, dont pour n'ennuier le lecteur, eſt icy repreſenté le pourtraict.

A l'autre bout estoit vn pareil arc de triomphe decoré & orné tout ainsi comme le precedant. Au hault
duquel pour representer la bonté & clemence de nostre Roy, apres tant de grandes victoires, & mõstren cõ-
me se presentant l'occasiõ de son mariage auroit pour
le bien & repos de ses pauures subiectz faict publier
l'edict de pacification, s'estant rendu plus bening qu'il
n'estoit victorieux, & vouly mettre tout maltalent
en oubliance. Estoit sur le hault dudict arc vne figure
tenant vne palme, pour representer vne grande victoire, laquelle estoit attachee & liee contre vn grand Oliuier. En l'autre costé vn Dieu Mars auec vn visage felon & cruel, lequel estoit attaché & enchainé d'vne
grosse chaine de fer contre le pied d'vn grand laurier,
aiant son corps de cuirasse, espee, & armes pres de luy,
comme signifiant qu'il n'en auoit plus de besoing par
la pieté, doulceur, & debonnaireté de nostre Roy,) la-
quel remis toutes les faultes passees, & en ce faisant
arreste du tout la guerre en France, dont s'en suiura
le repos d'icelle, commerce & trafiq de la marchandise, qui se pourra doresnauant exercer en toute liberté, comme il estoit demonstré par vn grand nauire
estant entre ceste victoire & Dieu Mars, pobuant
maintenant vaguer par tout en seureté. En la table
d'attente du milieu duquel arc estoient ces vers.

CHARLES victorieux au plus fort de sa gloire
S'est monstré doux, clement, & gratieux guerrier,
Aiant attaché Mars & sa grande victoire

K

L'vn à vn oliuier, & l'autre à vn laurier.

B.

Et sous le Dieu Mars estoient ces vers Latins,

Felix Mars alios postquam deuicerat omnes,
Vicit ad extremum se dans veniam hostibus ipsum,
Vna trium laurus pulcherrima quarta priorum.

Et sous la Victoire estoient ces autres vers,

Militibus ducibúsque triplex victoria multis
CAROLE parta tibi est, tua sed victoria quarta
Propria parta tibi te milite, te duce solo.

Et pour faire entendre que ceste victoire retenüe
& edict de pacification est vne chose ferme & stable
que sa Maiesté veult & entend estre inuiolablement
gardé & obserué entre ses subiectz y auoit vn tableau
dás l'vn des costéz auquel estoit vn autel & sur icelluy
vne pierre carrée signifiant stabilité, & fermeté tres-
asseurée auec vue couppe de vin respandu sur icelle: &
audeuant de l'autel vn Pontife aiant vne mitre en teste
vestu d'habitz sacerdotaux, tenant en l'vne de ses
mains vn agneau prest à immoler, & en l'autre vn gros
caillou, duquel il estoit prest à frapper l'agneau, comme disant, que tout ainsi que le vin de ceste couppe
est respandu en terre, & cest agneau prest à immoler,
puisse estre respandu le sang, & immolé le corps de
celluy qui contreuiendra en sorte que ce soit aux pas-
ches & conuenances de cest edict de pacification.

Aux quatre coings de l'autel y auoit des boucles
que quatre hommes armez tenoient,pour ce que il n'e-
ſtoit permis au temps paſſé aux prophanes de mettre
la main ſur la table de l'autel. Leſquelz quatre hommes armez repreſentoient les quatre mareſchaux de
France commis & deputez pour l'execution & entre-
tenement de ceſt edict. Au bas duquel autel eſtoit eſcript,

Fœdus immortale.

Et au bas du tableau ces deux vers d'Homere,

εἰσπότεροι πρότεροι ὑπὲρ ὅρκια πημήνειαν
ὧδέ σφ᾽ ἐγκέφαλις χαμάδις ῥέοι ὡς ὅδε οἶ⊙·

Sur leſquelz ont eſté faictz ces vers François,

Tout ainſi que ce vin eſt reſpandu en terre
Puiſſe eſtre reſpandu le ſang & le cerueau
Et le corps immolé au lieu de ceſt agneau
De celuy qui vouldra renouueler la guerre.

B.

En l'autre coſté eſtoit vn tableau double, dans lequel eſtoient forces corceletz,morions, gantelez, ron-
daches & autre ſorte d'armes parmi leſquelles les abeil-
les faiſoient leur cire & miel,ſignifiant qu'il n'eſt plus
beſoing d'armes en France eſtant ceſt edict de pacification bien entretenu:& deſſous eſtoient ces deux vers
d'Ouide.

Aſpice fœlici lætentur vt omni 4 pace,
Arma cruor tinxit , nunc ea melle madent.

K ij

Et plus bas à mesme fin, pareilles sortes d'armes, esquelles les aragnes faisoient leurs toilles, & dessous ces vers de Theocrit.

Ἀράχνια δ' εἰς ὅπλ' ἀράχναι
Λεπτὰ διαστήσαιντο, βοὰς δ' ἔτι μηδ' ὄνομ' εἴη.

Comme voulant dire,

La les aragnes font dans les armes leurs toilles,
Signe de seure paix & oubli de querelles.

B.

Dont s'ensuiura (Dieu aidant) vne bonne administration de iustice, afin de restablir & remettre toutes choses en leur ancien estat sous l'obeissance du Roy telle qu'elle luy est deüe, & d'autant plus qu'il est pere du peuple & Roy tres-ueritable establi de Dieu pour rendre la iustice egallement tant au grand qu'au petit: & que tout ainsi que par son edict de pacification nous a faict apparoir de sa clemence & pieté representee en l'vne des colonnes de sa deuise : s'efforcera par sa iustice representee en l'autre colonne d'icelle deuise à nous maintenir en repos , & reünir & incorporer tous ensemble en son obeissance.

Voila en somme quelle fut l'inuention & intelligence des œuuraiges susdictz. Reste à venir au faict & ordre qui fut tenu à ladicte entree.

E Mardi, sixiesme iour de Mars
M. CCCC. LXXI. Le Roy arriua enuiron dix heures du matin au prieurê
sainct Ladre assis aux faulxbourgs
sainct Denis, auquel lieu luy auoit
esté dressé vn eschaffaut pres le lo-
gis du Prieur, tant afin de voir passer les compagnies
des estatz de ladicte ville, que pour ouir & recuoir
les harengues & salutations qui luy seroient faictes de
la part d'iceux. Et afin que n'y eust aucun desordre
estoient deux grandz escaliers l'vn pour monter, &
l'autre pour descendre de cest eschaffault, lequel estoit
couuert de riche tapisserie : & au milieu dressé vn
haultdais de trois marches couuert de tapisserie de
Turquie & dessus vn dez tendu de riche valeur, sous
lequel estoit posee la chaire pour soir sa Maiesté couuerte d'vn riche tappis de veloux pers tout semé de
fleurs de lis d'or traict.

Si tost que sa Maiesté y fut arriuee commencerent
à marcher au deuât les quatre ordres Mendiennes qui
sont les Cordeliers, Carmes, Augustins, & Iacobins :
& apres eux toutes les autres Eglises & Paroisses d'icelle, vestuz de leurs surplis, marchans tous à pied en ordre de deuotion & humilité.

l'Vniuersité de Paris suiuoit apres à pied auec bon
nombre d'hommes de chacune des facultez d'icelle, à
sçauoir, des Artz, Medicine, Decret, & Theologie, accompagnez des Lecteurs du Roy tât és lettres Hebraiques, Grecques, Latines, Mathematiques, que autres
parties de Philosophie, vestuz de leurs chappes, & ha-

bitz accouſtumez, ſuiuiz du Recteur portant robbe
deſcarlatte & chapperon de menu verd, aiant ſes douze bedeaux deuant luy portants maſſes d'argent doré.
Apres lequel eſtoiēt les procureurs & meſſagers des nations qui eſtoit vne belle choſe à veoir, veu le grand
nombre d'hommes doctes en toutes langues & ſciences remarquez en ceſte compagnie: ſans que les longues guerres qui ont eſté en ce Royaume aient dimi-
nué le cours d'icelle Vniuerſité la plus cebre & floriſſante du monde.

Ceux là paſſez vint le corps de la ville en l'ordre &
equipaige qui ſenſuit. C'eſt a ſçauoir de dixhuict cés
hommes de pied choiſis & eſleuz de tous les meſtiers
d'icelle, conduictz par leurs Cappitaines, Lieutenants,
& enſeignes, dont furent faictz trois bandes, auantgar
de bataille, & arrieregarde, tous habillez des couleurs
du Roy. Mais d'vne telle ordonnance & ſi bonne façon, que l'on pouuoit diſcerner chacune bande, l'vne
blanche, l'autre grize, & l'autre rouge. Car ceux de l'a-
uantgarde auoient les chauſſes & pourpointz blancz,
chamarrez & bandez de veloux rouge, l'eſcharpe de
taffetas gris. Ceux de la bataille, les chauſſes & pourpoint de gris, bandez & chamarrez de veloux rouge,
l'eſcharpe de taffetas blanc. Ceux de l'arrieregarde, les
chauſſes & pourpoint rouges, chamarrez & bandez
de veloux blanc, l'eſcharpe de taffetas blanc, chacune
bande de ſixcens hommes ſous deux Capitaines, deux
Lieutenants, & deux enſeignes aians tous morions
grauez & dorez, quant aux harquebuſiers, & quant
aux picquiers, tous armez de corſeletz & bourgui-

gnottes, la pluſpart grauez & dorez, accompagnez de fiffres & tabourins en bon nombre marchantz ſept à ſept, & tenantz ſi bien leurs rengz, qu'il n'eſtoit poſſible de mieux.

Ceſte compagnie paſſant pardeuant ſa Maieſté la ſalua d'vne eſcoppeterie ſi bien faicte, qu'elle monſtra en recepuoir grand contentement, d'autant plus qu'elle les cogneut tous vrais hommes de guerre, experimentez & bien adroictz au maniment des armes, & dignes de luy faire vn bon ſeruice ſi l'occaſion ſy preſentoit.

Ceſt auantgarde, bataille, & arrieregarde, paſſees venoient apres les menuz officiers de ladicte ville iuſques au nombre de cent cinquante, portantz robes miparties de rouge & bleu, les chauſſes de meſme, chacun tenant vn baſton blanc en ſa main conduictz par deux ſergens de ladicte ville à cheual, veſtuz de robes miparties de pareilles couleurs, aians ſur les manches gauches d'icelle vn nauire d'argent qui ſont les armoiries de ladicte ville.

Apres eux venoient les cent harquebuziers à cheual, aians trois trompettes deuant eux veſtuz de leurs hocquetons d'orfeuerie aux deuiſes dudict Seigneur & armes de ladicte ville. Le bas duquel eſtoit tout couuert & enrichi de broderie, marchat trois à trois apres leur cornette: ſous leurs Capitaine, Lieutenant, enſeigne, & guidon, portantz tous la longue harquebuze à l'arçon de la ſelle, le feu en la main, & aiantz tous manches de maille.

Sous autant de drappeaux marchoient les cent Archiers de ladicte ville de mesme ordonance & parure, portans chacun la couple de piftolles à l'arçon de la felle.

A leur queue eſtoient les cent Arbaleſtriers ainſi armez, conduictz & eſquippez que les precedans, aiant auſſi chacun d'eux la couple de piftolles à l'arçon de la felle.

Ces trois compagnies paſſées marchoient de cent à ſix vingtz ieunes hommes enfans des principaux Bourgeois & marchans de ladicte ville conduictz par le Seigneur des Prez leurs Capitaine, duquel le Seigneur Marcel le ieune, & Dolu eſtoient Lieutenans, Clairſeilier & le Lorrain enſeigne & guidon, habillez de caſaques à manches pendantes de veloux rouge cramoiſi haulte couleur, ſi fort chamarrez de paſſemens, cordons & canetille d'argent, qu'il reſtoit bien peu de vuide: couuertz de corps de cuiraſſe ſous leurs caſaques, deſquels par les braſſats paroiſſans richement grauez & dorez ce pouuoit côſiderer de quelle valeur pouuoit eſtre chacun de leurs harnois: dont l'armet & gantelets eſtoient portez par vn paige que chacun d'eux auoient deuant ſoy: excepté le Capitaine qui en auoit quatre, & les Lieutenants, Enſeigne, & Guidon, chacun deux.

Ils portoient chappeaux de veloux noir, garniz de pennaches des couleurs du Roy : dont les cordons faicts de groſſes perles entremeſlees de diamans, rubis & autres pierres precieuſes eſtoient de valeur ineſti-

mable & n'y auoit celuy d'entreux qui ne feuſt monté
fur cheual d'Eſpaigne, ou autre beau cheual de ſeruice, ſur leſquels ils ſ'eſtoient exercez quelque temps au
parauant:en ſorte qu'ils eſtoient quaſi tous dreſſez au
galop, en rond,à toutes mains, à corbettez, & à paſſa-
des. Leſquels ils faiſoiẽt quelque fois voltiger & pan-
nader,mais de ſi bonne grace qu'ils ſe rendoient touſiours en leur reng & place,

La ſellegiret & harnois de leur cheual eſtoient de
meſme veloux cramoiſi que leur caſaque, couuers &
enrichis de canetille, cordon, paſſementz & houppes
d'argent, dont le ſurplus des ſingularitez ce peult có-
ſiderer par le pourtraict qui en eſt icy repreſenté.

L

Ceſte compagnie eſtoit ſuiuie des maiſtres des œuures, de charpenterie, maſſonnerie, & capitaine de l'artillerie d'icelle ville, auſſi à cheual, veſtuz de caſaques
de veloux noir, paſſementees d'argent, & pourpoins
de ſatin rouge cramoiſi, marchant eux trois d'vn reng.

Et conſecutiuement huit ſergens de ladicte ville à
cheual, veſtuz de pareilles robbes mi-parties, & aiant
chacun vne nauire d'argent ſur l'eſpaule gauche, cõ-
me les deux precedans, deſquels eſt cy deuant faict
mention.

Apres eux marchoit maiſtre Claude Marcel preuoſt des marchans, aiant vne robbe mi-partie de veloux rouge cramoiſi brun, & veloux tanné, fourree
d'vne excellente marte ſublime, le ſaie de ſatin rouge
cramoiſi, à boutons d'or. Sa Mulle harnachee d'vn
harnois de veloux noir, frangee d'or à boucle & cloux
dorez, la houſſe bandee & frangee de meſme, trainant
en terre. Au deuant duquel marchoient quatre hommes à pied veſtuz de ſes couleurs, & deux grandz lacquais à ſes deux coſtez, dont l'vn portoit les clefz de
de la ville attachees à vn gros cordon d'argent & de
ſoye des couleurs du Roy, pendant à vn baſton couuert de veloux cramoiſi, canetillé d'argent.

Apres luy marchoient les quatre eſcheuins de ladicte ville, à ſçauoir maiſtre Pierre Poullain ſecratai-
re du Roy, maiſtre François d'Auuergne ſeigneur de
Dampont conſeiller au theſor, maiſtre Symon Bouquet bourgeois, & Symon de Creſſé, ſeigneur dudict
lieu, veſtuz de pareilles robbes de veloux que celle

dudict seigneur preuost , doublée de panne de soye
noire, portans bonnets de veloux,leurs mulles enharnachees de veloux noir,bordé de passements de soye
noire à boucles & cloux dorez , la housse bandee &
bordee de mesmes, aiant chacun deux lacquais vestuz
de leurs couleurs, marchants deuant eux.

Les procureurs du Roy de la ville , recepueurs &
greffier d'icelle marchoient apres ensemblement , habillez, à sçauoir le procureur du Roy de robbe de veloux rouge cramoisi haulte couleur : le recepueur de
veloux tanné brun : & le greffier semblable ausdictz
escheuins , suiuis de vingt quatre conseillers d'icelle
ville, portans robbes de satin noir.

Les seize quartiniers venoient apres ,habillez de robbes de damars noir: & apres eux les maistre de la marchandise, à sçauoir quatre gardes de la drapperie portans robbes de veloux noir.Quatre de l'espicerie,& de
l'appotiquererie , de veloux tanné.Quatre de la gros-
serie & mercerie de veloux violet. Quatre de la pelte-
rie de veloux pers fourré de loups ceruiers. Quatre de
la bonneterie,de veloux tanné.Et quatre de l'orfebue-
rie, de veloux cramoisi brun, accompaignez de trente
deux des principaux bourgeois,& notables marchans
de ladicte ville fort hónestement habillez. Lesquelles
gardes porterent au retour le ciel & poisle sur la Maiesté du Roy,ainsi qu'il sera declaré cy apres.

La compaignie du cheualier du Guet venoit apres,
estant de cent cinquante hommes, dont cent harque-
busiers à pied marcháts cinq à cinq tous morionnez,

L iij

veſtuz de mandille de broderie des couleurs du Roy, & d'vne meſme pareure, conduicts par l'vn de ſes Lieutenants: accompaignez de bon nombre de tabourins & fiffres. Et cinquante à cheual, tous bien armez, mótez, & equippez, portans chacun la couple de piſtolles, aians ſaies de broderies de meſme couleur & pareure que les gens de pied, excepté qu'ils eſtoient plus richement eſtoffez.

A la teſte deſquels eſtoit le ſeigneur Teſtu cheuallier du Guet, armé d'vn fort riche corps de cuiraſſe, reueſtu pardeſſus d'vne caſaque de veloux rouge cramoiſi haute couleur, chamarré de cordon d'argent, aiant ſes paiges & laquaitz de meſme liuree, accompaigné de ſes autres Lieutenants & Guidon, & tant leſdicts hommes à cheual que de pied auoient leur deuiſe accouſtumee, qui eſt vne eſtoille deuant & derriere.

Venoient apres les vnze vintz ſergens à pied, tous habillez d'vne pareure & des couleurs du Roy: dont les deux tiers harquebuziers tous morionnez, & le reſte picquiers armez de corſeletz blancz: excepté dix ou douze portans hallebardes à l'entour de l'enſeigne accompagnez de bon nombre de tabourins & fiffres, marchantz cinq à cinq.

Tous ſuyuans les quatre ſergens fieffiefz à cheual, d'vne meſme pareure.

Et conſecutiuement les cent notaires, ſuiuiz des trentedeux commiſſaires du Chaſtelet, veſtuz de robes longues & de ſaies de veloux ou ſatin noir. Et apres eux les Audienciers dudit Chaſtelet, à cheual.

Les Sergens de la douzaine de la garde du Preuost
de Paris venoient apres à pied, habillez de leurs haul-
quetons d'orfeburie à la deuise du Roy.

Le Preuost de Paris venoit apres fort bien monté &
richemét armé & habillé, aiant deux pages deuát luy,
portant l'vn son armet, & l'autre ses ganteletz, & son
escuier au milieu, tous môtez sur braues cheuaux d'Espaigne.

Ledict Preuost estoit suiui des trois lieutenantz,
Ciuil, Criminel & Particulier, portans robbes d'es-
carlatte, & dessus chapperons de drap noir à longues
cornettes. Comme aussi faisoient les deux Aduocatz,
& Procureur du Roy. Lesquels marchoient les premiers rangs: auec les vingtquatre Conseillers dudict
Chastelet: à la suite desquels estoiét aucuns des plus no
tables & fameux Aduocats & Procureurs dudit siege.

Tous suiuant estoient les Sergens à cheual auec leurs
enseigne & guidon deuant eux, tous habillez d'vne
pareure & des couleurs du Roy, aiant chacun la couple de pistoles.

Ceux-la passez venoient messieurs de la iustice en
l'ordre qui ensuit.

Et premierement les Generaux des monnoies, aiant
leurs six huissiers deuant eux auec le greffier : suiuis
des deux Presidés portans robbes longues de satin noir
& lesdictz generaux de damars ou taffetas noir. Partie
desquelz de robbe longue, & le reste de robbe courte,
accompaignez des principaux officiers de la mon-
noié & changeurs de ladicte ville.

Les gens de la court des aydes venoient apres precedez par leurs huiſſiers & greffier, dont les preſidēs portoient rebbes de veloux noir. Auec leſquelz marchoit le General des finances en la charge de Paris, veſtu d'vne robbe de ſatin noir. Et quant aux conſeillers de robbe d'eſcarlatte & chapperon noir, ſuiuiz des eſleuz & autres officiers des greniers à ſel de ladicte ville.

Tout ſuiuant venoiét meſſieurs de la chambre des comptes, aiant auſſi leurs huiſſiers deuant eux & leurs deux greffiers cóſecutiuement, portans robbes de damars noir: apres leſquelz marchoient les ſix preſidens veſtus de longues robbes de veloux noir. Les maiſtres, de ſatin. Les correcteurs, & auditeurs, de damars & taffetas noir, ſuiuis d'aucuns des officiers comptables de ladicte ville, auſſi honneſtement veſtus.

Méſſieurs de la court de parlemènt ſouuèraine dé cè Roiaume marchoient apres en l'ordre qu'ilz ont accouſtumé, aiantz deuant eux leurs huiſſiers, que ſuiuoiént les quatre notaires & greffiers criminel & des preſentations, veſtuz de robbes d'eſcarlatte: le greffier ciuil apres eux ſeul portant ſa robbe fourree de menu verd. Et apres luy le premier huiſsier auſsi ſeul portant robbe d'eſcarlatte, vn bonnet carré de drap d'or fourré de menu verd epuré.

Meſsieurs les ſix preſidens venoient apres veſtuz de leurs grandes chappes d'eſcarlatte, leurs mortiers de veloux noir bandez de toille d'or en la teſte ainſi qu'il eſt accouſtumé. Aiant monſieur maiſtre Chriſtoflé de

Thou premier prefident fur l'efpaule gaulche de fa
chappe trois petites bandes de toile d'or à la difference des autres.

A leur queüe eftoient les Prefidens des enqueftes
& Côfeilliers tant laiz que ecclefiaftiques, auec les deux
Aduocatz & Procureur general, marchant au milieu
defdictz Aduocatz, tous portans robbes d'efcarlatte &
chapperon fourré de menu verd.

Ainfi que les deffufdictz arriuoient audict lieu de
fainct Ladre montoient fur l'efchaffault cy deffus mé-
tionné pour faire leurs harangues au Roy en toute reuerence & humilité. Pres & autour duquel eftoit mô-
feigneur le duc d'Anjou fon frere & lieutenant general reprefentant fa perfonne en ces Roiaumes & païs:
Monfeigneur le duc d'Alençon, auffi fon frere, monfeigneur le duc de Lorraine fon beau frere: monfeigneur le Prince Daulphin, & plufieurs autres Princes
& grandz feigneurs, & bien pres de fa Maiefté monfieur le prefident de Biragues confeiller en fon confeil priué & aiant charge des fceaux de France, accompaigné des Maiftres des requeftes qui eftoient en quar-
tier iufque au nombre de dix, auquel lieu, par le Preuoft des marchans, accompaigné des efcheuins, apres
auoir faict fa harangue, furent prefentees les clefz de
ladicte ville à fa Maiefté ainfi qu'il eft accouftumé. Et
faict f'en retournerent tous lefdictz eftatz apres auoir
faict leurs harengues, au mefme ordre qu'ilz eftoient
venuz, excepté ledict feigneur Preuoft de Paris, qui
demoura auec le Roy pour marcher en la trouppe
des Cheuallicrs de l'ordre.

Peu de temps apres ont commencé à marcher ceux qui estoient de sa maison & suitte cy apres declarez. A sçauoir messieurs les Maistres des requestes, habillez de robbes lõgues de veloux noir. Les deux huissiers de la Chancellerie portans robbes de veloux cramoisi violet & leurs masses au poing. Les grand Audiecier, & Commis du Conterolleur vestuz de robbes de veloux noir. Et puis estoit le seel du Roy en son coffret couuert d'vn grand crespe, posé sur vn coisin de veloux pers semé de fleurs de liz d'or, porté par vne haquenee blanche caparassonnee, & couuerte d'vne grãde housse de veloux trainnant en terre, toute semee de fleurs de liz d'or. Ladicte hacquenee conduicte par les resnes de sa bride par deux grandz lacquetz dudict seigneur de Biragues: & à costé estoient à pied les quatres chauffecires qui tenoient les couroyes dudict sceau aians les testes nües.

Suiuant icelluy seel, marchoit icelluy seigneur president de Birague vestu d'vne robbe de veloux cramoisi brun, monté sur sa mulle enharnachee de veloux & couuerte d'vne housse de mesme couleur à frange d'or, aiant au tour de luy ses lacquaiz, & estoit suiui de son escuier & de son secretaire estans à cheual.

Quelque espace apres suiuoit les Preuost de monseigneur le duc d'Anjou, accompaigné de ses lieutenãt & archers. Cent cheuaux legiers sous la charge du seigneur de Monterend grand preuost de France. Le seigneur de Camby capitaine des guides suiui de ses quatre guides entretenuz à la suite du Roy.

Apres vindrent les paiges des gentilzhommes de la chambre, Capitaines Contes & autres seigneurs, & apres ceux des Cheualliers de l'ordre, Mareschaux de France meslez ensemble, montez sur coursiers, rousuns, cheuaux d'Espaigne, & Turqs, portant en leur teste, les vns les armetz & lances de leurs maistres garnies de banderolles, & les armetz de beaux & riches panaches. Les autres portoient morions aians aussi de riches panaches: & aucuns auoient des rudelles, & corseques. Lesdictz cheuaux fort richement enharnachez, vne partie bardez, & l'autre partie caparassonnez, mais tous de diuerses sortes, se rapportans toutesfois aux habillemens des paiges qui estoient dessus.

Ledict seigneur de Monterend grand preuost de France marchoit apres bien monté & armé. Et apres luy suiuoient ses lieutenantz de robbe longue, & de robbe courte, exemptz, & archers Iceux archers portans hocquetons d'argent à cheual, officiers & sergens de ladicte preuosté.

Apres eux estoient les Capitaines, Lieutenantz & Enseignes de la garde de monseigneur le duc d'Alençon frere du Roy fort bien armés, & motés sur grands cheuaux richement enharnachez, & caparassonnez, suiuis de cinquäte six archers comprins trois exemptz. Tous lesquez archers vestuz de casaques de veloux gris fort richement bandees de passement d'argent & & de soie orengé.

Les Capitaines, Lieutenants & Enseiges de la garde de monseigneur le duc d'Anjou aussi fort bien armez,

montez ſur grandz cheuaux, fort richement enharnachez, & caparaſſonnez, ſuiuis pareillement d'aultant
d'archers, & exemptz. Les archers veſtuz de caſaques
de veloux verd, auſſi fort richement paſſementez d'argent.

Puis marchoient les gentilzhommes de la chambre
& auec eux aucuns grandz ſeigneurs. Puis les Cheualiers de l'ordre tous richement armez: aiant caſaques
de drap d'or, & d'argent, & fort bien montez ſur
grandz & braues cheuaux.

Eux paſſez marchoit le Conte de Mauleurier ſur
vn petit cheual, comme lieutenant de monſieur le duc
de Bouillon ſon frere pour ſon abſence & malladie,
ſuiuí des lieutenant dudict ſeigneur de Bouillon &
des Capitaines des gardes des Suiſſes, de meſſeigneurs
d'Anjou & d'Alençon, & iceux Suiſſes du Roy, & de
meſdictz ſeigneurs entremeſlez par reng, les vns parmy les autres: chacun d'eux habillez de veloux. Ceux
du Roy d'incarnat blanc & gris. Ceux de mondict
ſeigneur de verd, blanc & noir. Et ceux de mondict
ſeigneur d'Alençon de gris, blanc, & orenge.

Leſdicts Suiſſes paſſez vindrent les haultz bois &
trompettes ſonnantz de leurz inſtrumentz, reueſtuz &
habillez de veloux rouge.

Apres les pourſuiuans treze heraulx d'armes, & le
Roy d'armes, veſtuz de leurs cottes d'armes.

Suiuant eux eſtoient quatre des paiges de monſei-

gneur le duc de Lorraine . Six de monſeigneur le duc
d'Alençon . Six de monſeigneur le duc d'Anjou tous
fort richement habillez, & montez ſur grandz cheuaux, excellens, ſumptueuſement enharnachez & caparaſſonnez.

Marchoient derriere treize des paiges du Roy, eſtatz
auſſi treſ-richement veſtuz, & montez, ſur aucuns des
grandz & plus beaux cheuaux de la grande eſcuirie
fort richement enharnachez & caparaſſonnez.

Puis le ſeigneur du Puizet eſcuier d'eſcuirie du
Roy, portant le manteau Royal. Le ſeigneur du Ri-
uau auſſi eſcuier d'eſcuirie qui portoit le chappeau
Royal. Le troſieſme eſtoit le ſeigneur de Beauuau pa-
riellement eſcuier d'eſcuirie portant les gandelletz.
Et monſieur des Roches premier eſcuier l'armet
Royal couuert du mantelet Royal de veloux pers, ſe-
mé de fleurs de liz d'or traict, fourré d'hermines, &
couronné d'vne grande couronne cloſe. Et eſtoient
tous leſdictz eſcuiers richement armez, & habillez, &
leurs cheuaux capparaſſonnez auſſi treſ-richement.

Apres marchoient meſſieurs de Dampuille, &
de Tauanes mareſchaulx de France, auſſi treſ-richement armez & parez.

A leurs queües venoiét à pied les ſommeliers d'armes du Roy, veſtuz de veloux des couleurs dúdict ſeigneur.

Et ſuiuant eux le cheual de parade du Roy entierement couuert d'vn grand caparaſſon de veloux pers

femé de fleurs de liz d'or traict trainnant en terre. Il
portoit au cofté droict de fa felle la maffe dudict feigneur Roy. Et de l'autre cofté fon eftoq, & eftoit ledict cheual menié par deux efcuiers d'efcuirie allant à
pied, ainfi qu'il eft de couftume.

Monfieur le Conte de Charny grand efcuier de
France marchoit apres, armé & monté fur vn autre
grand & braue cheual du Roy couuert de mefme cap-
paraffon que ledict cheual de parade. Il portoit en ef-
charpe l'efpee de parade du Roy, & auoit aucuns des
autres efcuiers & caualcadours à pied aupres de luy.

Monfieur le duc de Guife grand maiftre de France
eftoit à cofté à main droicte portant fon bafton de
grand maiftre.

Le Roy aiant deuant luy l'ordre deffufdict arriua
à la porte fainct Denis, où il feut falüé d'vn fort grand
nombre d'artillerie tant de fon arfenaq, que de ladicte
ville: auquel lieu luy feut prefenté vn ciel de veloux
pers femé de fleurs de liz d'or traict, frangé de mefme,
& fort enrichy de broderie d'or, par lefdictz quatre efcheuins. Lefquelz le porterent fur fa Maiefté, depuis cefte porte fainct Denis iufques deuant l'Eglife
de la Trinité: duquel lieu iufques deuãt l'Eglife fainct
Leu & fainct Gilles, fut porté par les quatre gardes
de la Drapperie, qui le mirẽt entre les mains des quatre maiftres Efpiciers: lefquelz le porterent depuis i-
celle Eglife fainct Leu & fainct Gilles iufques à fainct
Innocent: où les Merciers le receurent. Et depuis le deliurerent aux Pelletiers qui le porterent iufques deuãt

le Chaftellet, & là les Bonnetiers le viridrent prendre
pour en faire leur debuoir iufques à fainct Denis de
la Chartre, où ils le deliurerent aux Orfebures, qui le
porterent iufques à noftre Dame, & encores depuis
ladicte Eglife iufques au Pallais.

Ledict feigneur Roy eftoit armé d'vn harnois blác
curieufement poly, graué, & enrichi, & paré pardeffus
d'vn faie de drap d'argent frizé, excellent & tref-ri-
chement garny de canetilles & frizé d'argent. Le refte
de fon habillement eftant de mefme, fort fumptueux.
Son chappeau de toille d'argent auffi bordé, & enrichy, & dauantage garny d'vn cordon où y auoit grád
nombre de pierres precieufes d'ineftimable valleur,
auec vn pannache blanc femé de grand nombre de
belles perles, eftant monté fur vn parfaictement beau,
excellent & braue cheual, bardé & caparaffonné de
mefme pareure que fon faie, allant fa Maiefté & ma-
niant ledict cheual fort dextrement: aiant deuant luy
fes lacquaiz richement habillez, & efcuiers de fon efcuirie eftant à pied veftuz tous d'vne pareure de veloux cramoifi, enrichi de broderie d'argent, bottez de
bottes blanches, & efperons dorez.

A la queües defdictz efcuiers eftoit l'vn de fes porte manteaux. Et apres Nambut huifsier de l'ordre &
de la chambre du Roy & Boifrigault auffi huifsier
de chambre, habillez de robbes de veloux blanc portans leurs maffes.

Autour de fa Maiefté eftoient fur les deux coftez à
pied les vingt & quatre archers de la garde du corps

auec leurs hallebardes & hocquetons blancz faictz
d'orfeurie aux deuifes du Roy : & à fa dextrē vn peu
fur le derriere dudict poifle eftoit mōfieur le Marquis
du Maine grand chambellan de France,eftant tref-ri-
chemétarmé & veftu, monté fur vn beau grand cheual,enharnaché & caparaffonné de mefme fon habillement.

Derriere le Roy pres de luy eftoient mondict feigneur le duc d'Anjou fon frere & lieutenant general,
& monfeigneur le duc d'Alençon aufsi fon frere à cofté de luy à main gauche, pareillement excellente-
ment bien & richement armez, veftuz,& montez fur
tref-beaux & braues cheuaux, tref-fomptueufement
enharnachez,& bardez.

Apres eftoient monfeigneur le duc de Lorraine
beau frere du Roy,& à cofté de luy aufsi à main gauche monfeigneur le Prince Daulphin, aufsi tref-riche-
ment armez veftuz,& montez.

Suiuoient apres Mefsieurs les ducz de Nemours à
main droicte, & d'Aumalle à main gaulche, qui e-
ftoient femblablement bien armez,veftuz & montez.

Mefsieurs de Meru au milieu, aiant monfieur de
Thoré fon frere à main dextre, & monfieur de Candalle fon beau frere à feneftre.

Et apres marchoiét mefsieurs les Contes de Retz &
de Lanffac Capitaines des deux cent gentilzhómes de
la maifon,fuiuiz de leurs compaignies defdictz deux

cent gentilzhommes, fort bien montez, armez & caparaſſonnez tous d'vne pareure & qu'il faiſoit fort bon voir.

Puis marchoient meſſieurs de Nançay. Le Vidaſme de Mans, & Viconte d'Auchy Capitaines des gardes du Roy, ſuiuiz des archers deſdictes gardes eſtans ſous leurs charges, tous bien armez & montez.

Et le ſeigneur de Chemaux maiſtre des cerimonies, qui alloit, & venoit pour ordonner tous les ordres cy deuant declarez, eſtant auſſi fort bien armé & monté ſur vn grand cheual richement enharnaché & bardé.

Et en ceſt ordre, compagnie & magnificence ſa Maieſté entra en ladicte ville & Cité de Paris, où il fut veu par les habitans d'icelle auec vne ioye & allegreſſe incroiable, crians à haulte voix, viue le noble Roy de France, & luy ſoubhaitant tout bon heur, accroiſſement, proſperité & longue vie. Et paſſant par la porte aux Peintres & cheminant par la rüe ſainct Denis, qui ſe va rendre au grand Chaſtellet, & de là par le pont noſtre Dame, print grand plaiſir tant aux ouuraiges & deuiſes qui eſtoient aux arcz de triomphe & autres ſpectacles, dont cy deuant eſt faict mention: qu'à diuers inſtrumétz de muſique qui ſonnoient par tous leſdictz lieux: lors que ſadicte Maieſté paſſoit.

Lequel paruenu iuſque à la porte de l'Egliſe de noſtre Dame, deſcendit pour y aller faire ſon oraiſon, comme il eſt de bonne & louable couſtume & auecques luy meſſeigneurs les ducz d'Anjou, & d'Alençon,

N

& de Lorraine, Prince Daulphin, & plusieurs autres Princes & seigneurs qui l'accompaignerent en ladi-cte Eglise. Et afin que ce pendant il n'interuint quelque desordre ou confusion, les deux cens gentilzhommes & quatre cens archers s'arresterent partie sur ledict pont nostre Dame, & partie du costé de Petit-pont deuant l'Hostel Dieu, iusques à ce que le Roy fust de retour de ladicte Eglise, & passé en la rüe de la Callendre pour aller au Palais, où il entra accompaigné desdictz Princes & seigneurs par le grand escallier qui conduict en la salle des Merciers: & trouua ledict Palais paré & orné non seullement de tref-belles & riches tapisseries, mais aussi de plusieurs singularitez. Le soir en la grand salle dudict Palais fut faict le soupper Royal, où sa Maiesté se rendit auec autres habitz que ceux de ladicte Entree: aiant la robbe & chausses de satin quarnadin, tout faict de broderie, couuert de perles, icelle robbe fourree de loups ceruiers. Le collet perfumé, le bonnet de veloux noir, garny de fort riches pierreries & d'vne plume blanche. Duquel soupper l'ordre fut tel.

A l'endroict du milieu & au dessus de la table de marbre qui est à l'vn des boutz de ladicte grand salle, estoit tendu vn dez de veloux pers semé de fleurs de liz d'or traict, sous lequel fut mise la chaire, en laquelle sa Maiesté s'assist pour soupper. A sa main dextre monseigneur le duc d'Anjou son frere & Lieutenant general, vn peu au dessous de luy monseigneur le duc de Lorraine son beau frere, & monseigneur le Cardinal de Bourbon à sa main gaulche. Monseigneur le duc d'Alençon aussi son frere, vn peu audessous de

luy monſeigneur le Prince Daulphin. Audiƈt ſoupper
monſeigneur le duc de Guiſe ſeruit de ſon eſtat de
grand maiſtre: ſeruit de pannetier: monſeigneur le duc de Nemoux d'eſchanſon, & monſeigneur le Marquis du Maine d'eſcuier tranchant. Et fut
la viãde portee par les gentilz hommes de la chambre.

Au deſſous de ladiƈte table de marbre à main droi-
ƈte tirant iuſques à la porte de la ſalle des merciers fut
dreſſee vne autre table ordonnee pour les autres ſeigneurs Ambaſſadeurs & Cheualiers de l'ordre. De l'autre coſté de ladiƈte ſalle à main gauche depuis la chã-
bre du plaidoier tirant à la chappelle, pour la court de
parlement & autres. Et à l'oppoſite de l'autre part depuis la porte de ladiƈte ſalle des merciers allans con-
tre-bas vers la porte des petitz degrez dudiƈt Palais,
pour ceux du corps de la ville.

Et pour ce que toutes choſes portoient faueur à
ceſte triomphante & ioieuſe Entree, furent faiƈtz les
ſonetz qui enſuiuent, tant ſur la beauté du iour qu'il
ſembloit que les aſtres euſſent reſerué en eſpargne
pour plus grande decoration de ceſte ſolemnité, que
en l'honneur & memoire d'icelle: qu'il a ſemblé ne deuoir eſtre obmis en ce lieu.

N ij

SONET.

Entrez heureusement, ô grand Roy de la France,
   Dans la grande Paris Roine de noz Citez,
   Paris ouure les bras. Seine & ses deitez
   Baissant leurs verdes eaux facent reiouissance.

Campagnes & Forestz d'vne bonne esperance
   Reprenez voz honneurs. Toutes aduersitez
   Soient mises en oubly. De plaisir incitez
   Tous de ioie faisons heureuse demonstrance.

O Paris dans tes murs le bon CHARLES ton Roy
   Beau, sur vn beau cheual en triomphant arroy,
   D'armes enuironné, va faire son Entree.

Les armes cesseront entre les citoyens
   Mais si quelque estranger ose attaquer les tiens,
   O CHARLES, la deffence aux armes est monstree.

                      A. d. Baif.

SONET.

Voiez le Ciel qui rit d'vne clairté ſerene,
  Voiez le fleuue clair qui deſenfle ſes eaux,
  Voiez rebourgeonner les ſeueux arbriſſeaux,
  Voies reuerdoier la montagne & la plaine.

Voiez le bon Soleil, qui du printemps rameine,
  La ioieuſe ſaiſon. Eſcoutez des oiſeaux,
  Qui reiouiſſent l'air, mille motetz nouueaux.
  En l'honneur de mon Roy, la ioie ſe demeine.

Mon Roy faict dans Paris ſa magnificque Entree,
  Allegreſſe par tout nous voions demonſtree,
  Preſage bien heureux de meilleure ſaiſon.

Regne la pieté, floriſſe la iuſtice.
  Vertu ſoit en honneur, en meſpris la malice,
  Defaille la fureur, commande la raiſon.

A. d. Baïf.

N iij

SONET
AV ROY.

Iunon qui des vaillans est tousiours enuieuse,
    Hier d'vn voille noir emmantela les cieulx
    Pour faire vostre entree (où le peuple ioyeulx
    De Paris vous reçoit) obscure & pluuieuse.

Mais Iuppiter chassa ceste vapeur nueuse,
    Reserenant l'azur de la voulte des Dieux,
    Pour vous fauoriser,& pour contempler mieux
    Vous CHARLES de Fancus la race valeureuse.

Le Soleil reluisoit, comme aux longs iours d'esté,
    Et s'approcha pour veoir si grande Maiesté
    Qui voisine du Ciel enuoioit sa lumiere.

Vous fustes à ce iour le Soleil du Soleil,
    Qui confessa ne veoir monarque à vous pareil,
    Soit que pres, soit que loing il coure sa carriere.
                        A. Iamin.

SONET.

Non autrement que le grand Iupiter
   Feiſt ſon entree en la voulte eternelle
   De ſon Palais, quand Iunon l'immortelle
   Vint ſon courage en meſme lict donter.

On vit des Dieux la trouppe ſe planter,
   Toute pompeuſe en ordonnance belle,
   Tout à l'entour pleins de gloire nouuelle,
   Et le Ciel pour de beautez ſ'eſclater:

Vne grand nüe eſt toute d'or tendüe,
   Qui flamboioit ſur leur chef reſpandüe
   A longs rayons: d'aiſe tout le Ciel bruit.

Telle ſe vit de ce grand Roy l'Entree
   Qu'à l'enuiron meint Prince & ſeigneur ſuit:
   De cris ioieux retentiſt la contree.
           A. Iamin.

Le lendemain le Preuoſt des marchans & Eſcheuins, auec les Procureur, Recepueur, Greffier & autres
Officiers de la ville, furent au Palais preſenter au Roy
le preſent qu'ilz luy auoient dedié pour recognoiſ-
ſance de l'honneur qu'il auoit pleu à ſa Maieſté leurs
faire. Le ſuppliant treſ-humblement qu'il luy pleuſt
d'auoir celluy autant aggreable, comme il luy eſtoit
offert d'vne entiere deuotion, de la part de ceux qui e-
ſtoient pres d'immoler à ſes piedz (pour ſon ſeruice)
leurs vies, leurs corps, & tout ce qui eſtoit en leurs
puiſſance: que le Roy accepta & receut de bon cœur,
demonſtrant manifeſtement qu'il l'auoit bien agreable. Duquel comme choſe memorable n'a ſemblé im-
pertinant fraire icy quelque mention.

C'eſtoit vn grand piedd'eſtail ſouſtenu par quatre
Daulphins, ſur lequel eſtoit erigé vn chariot triomphant, embelly de pluſieurs ornementz, & enrichiſſe-
mentz, trainné par deux Lions aians les armoiries de la
ville au col. Dans ce chariot eſtoit aſſize Cibelle mere
des Dieux, repreſentant la Roine mere du Roy, accó-
paignee des Dieux Neptune, & Pluton, & deeſſe Iunon, repreſentans Meſſeigneurs frere & Madame ſeur
du Roy. Ceſte Cibelle regardoit vn Iuppiter, repreſentant noſtre Roy eſleué ſur deux colonnes, l'vne
d'or & l'autre d'argent, auec l'inſcription de ſa deuiſe, PIETATE & IVSTICIA. Sus lequel eſtoit vne
grande coronne Imperiale, ſouſtenüe d'vn coſté par
le bec d'vn Aigle poſé ſur la crouppe d'vn cheual ſur
lequel il eſtoit monté. Et de l'autre coſté du ſceptre
qu'il tenoit, & ce comme eſtant deifié.

Aux quatre coings du subassement de ce pied-
d'estail estoient les figures de quatre Roys ses prede-
cesseurs, tous portans le nom de CHARLES. A sçauoir CHARLES le grand, CHARLES le quint, CHAR-
LES septiesme, & CHARLES huitiesme. Lesquelz
de leurs temps sont venuz à chef de leurs entreprises,
& leurs regne ont esté heureux & prosperes apres plusieurs affaires par eux mises à fin, comme nous esperons qu'il aduiendra de nostre Roy.

Dedans la frize de ce pied d'estail estoient les batailles & victoires grandes & petites par luy obtenües. Le
tout faict de fin argent doré d'or de ducat cizelé, bu-
riné & conduict d'vne telle manufacture que la façon
surpassoit l'estoffe,

Au deuant du subassement qui portoit le chariot e-
stoit escript.

Fœlix prole parens, qualis Berecinthia mater
Inuehitur curru Phrygias turrita per vrbes,
Læta deum partu, centum complexa nepotes.

Et sur le reply du siege de Cibelle estoit escript,

Macte sequens exempla, patrum sic itur ad astra.

Et pres de Iupiter ceste deuise.

Parcam ego subiectis, debellabóque superbos.

Et pres de Neptune reprefentant Monfeigneur le duc d'Anjou.

Magna tibi magno Neptune potentia ponto.

Et pres de Pluto reprefentant Monfeigneur le duc d'Alençon,

Tertia pars mundi ceffit ditiffima Diti.

Et pres de Iuno reprefentant Madame feur du Roy,

Me quoque fceptra manent, nunc fum virguncula Iuno.

Le furplus des beautez artificielles qui y eftoient fe pourront confiderer par le pourtraict qui en eft icy à peu pres reprefenté.

PIET
TE

XII

L'entree du Roy ainſi faicte lon ne penſoit rien moins que à l'Entree de la Roine : d'aultant qu'eſtimát que ladicte Dame feuſt enceinte on tenoit qu'elle ſeroit differee pour vn an, & courut ce bruit iuſque au Dimanche vnzieſme iour de Mars: que ſa Maieſté auec la Roine ſa mere & meſſeigneurs ſes freres accópaignez de pluſieurs Princes, ſeigneurs, dames & des eſtatz de ladicte ville furent en proceſſion en l'Egliſe noſtre Dame, ſuiuant la bonne, louable, & ancienne couſtume de ſes predeceſſeurs. Où leſdictz Preuoſtz & Eſcheuins mandez en la maiſon Epiſcopalle d'icelle, furent aduertis par icelle Roine ſa mere, que le couronnement de la Roine eſtoit arreſté à ſainct Denis au Dimanche vingt cinquieſme dudict mois, & au Ieudy enſuiuant ſon Entree en ladicte ville: que partant euſſent à eux tenir preſtz & pouruoir à toutes choſes cóme ilz auoient faict pour l'Entree du Roy.

De ceſte heure commencerent à y donner ordre en toute diligence meſmes à faire racouſtrer les Theatres, Portiques, & Arcz de triomphe: dont partie eſtoit cómencee à deſmollir. Ne voulans que rien de ce qui auoit ſerui à l'Entree du Roy, feuſt reueu en icelle: ce qui feut obſerué au mieux qu'il feut poſſible. Mais la briefueté du temps fut cauſe que tout leurs deſſeins ne furent entierement executez, ainſi qu'ilz euſſent bien voullu. Dont ne ſera faict icy plus ample mention pour venir à l'ordre du couronnement faict à ſainct Denis en France, le Dimanchē vingt cinquieſme dudict mois, ainſi qu'il ſ'enſuit.

F I N.

C'EST L'ORDRE ET

FORME QVI A ESTE TENV AV

sacre & couronnement de tref-haute, tref-excellente, & tref-puiffante princeffe Madame ELIZABET
d'Auftriche Roine de France : faict en l'Eglife de
l'Abbaie fainct Denis en France le vingt cinquiefme iour de Mars, 1571.

A PARIS,

De l'Imprimerie de Denis du Pré, pour Oliuier Codoré,
rüe Guillaume Ioffe, au Heraut d'armes, pres la rüe
des Lombars.

1571.

AVEC PRIVILEGE DV ROY.

C'EST L'ORDRE ET

FORME QVI A ESTE TENV AV
ſacre & couronnement de treſ-haute,treſ-excellen-
te,& treſ-puiſſante princeſſe Madame E L I Z A B E T
d'Auſtriche Roine de France : faiςt en l'Egliſe de
l'Abbaie ſainςt Denis en France le vingt cinquieſme iour de Mars, 1 5 7 1.

L E R O Y & la R O I N E eſtans le vingt
& troiſieſme iour dudiςt mois de
Mars arriuez audiςt ſainςt Denis,le
vingt cinquieſme iour dudiςt mois
l'acte & ſolemnité dudiςt ſacre fut
faiςt ainſi qu'il ſ'enſuit.Il y auoit vn
graad eſchauffault au milieu du cœur de ladiςte Egliſe
aſſis droiςt deuant le grand autel d'icelle,de la hauteur
de neuf piedz ou enuiron,aiant de longueur vingt
huiςt piedz ſur vingt deux de large : eſtant lediςt eſchaffault garny de barrieres tout autour,fors à l'en-
droiςt de l'eſcallier, par lequel lon y montoit, qui e-
ſtoit du coſté dudiςt grand autel,& y auoit ſeize marches en hauteur, & puis ſe trouuoit vne eſpace d'enuiron ſix piedz de long, & auſſi large que lediςt eſcallier. Et apres lon montoit vne autre marche pour entrer audiςt grand eſchaffault.Enuirõ le milieu duquel
tirant vn peu ſur le derriere y auoit vn hault dez de la
hauteur d'vn peu plus d'vn pied où lon môtoit deux
marches,lequel haut dez & marches qui contenoiët de

neuf à dix piedz de long, & enuiron de six de large, e-
ftoient couuertz d'vn grand drap de piedz. Sur lequel
fut mis la chaife ordonnee pour affeoir ladicte Dame,
couuerte de veloux pers femé de fleurs de liz d'or en
broderie, & audeffus vn daiz de femblable parure. Les
coftez des barrieres au dedás dudict efchaffault eftoiét
tenduz de deux bandes de drap d'or frizé, & par le dehors de tapifferie trefriche releuce d'or & d'argent
tumbant à vn pied & demy de terre : le fondz & ef-
caillier dudict efchaffault plancheé de veloux cramoifi femé de broderie d'or. A main droicte, & main
gauche dudict daiz furent pofees deux chaifes couuertes de veloux cramoifi violet brodees & frangees
d'or, ordonnees, affauoir celle de main droicte pour
Madame de Lorraine, & l'autre pour Madame Marguerite feurs du Roy.

A vn pied pres de la chaife de madicte Dame de
Lorraine à main droicte y auoit vne longue felle couuerte de drap d'or frizé, pour y affeoir Madame la
princeffe Daulphin, Mefdames les ducheffes de Nemoux, & de Neuers.

A l'autre cofté à main gauche auffi à vn pied pres
de la chaife où f'affeit Madame Marguerite y auoit
vne pareille felle couuerte, & garnie de mefme où f'affeit Madame la princeffe de la Roche fur yon, & Madame la ducheffe de Guyfe.

Deuant ledict hault daiz vn peu à gauche y auoit
vn petit efcabeau couuert de drap d'or frizé & vn car-
reau de mefme parure, ordonné pour repofer la gran-

de couronne apres qu'elle feroit oftee de deffus le chef
de la Roine, & que on luy auroit baillé la petite.

A l'entree dudict efchaffault pres, mais vn peu plus
en auant que ladicte felle de main gauche y auoit vn
efcabeau paré de femblable parure pour affeoir Madame la Conneftable ducheffe de Montmorancy, &
Dame d'honneur de ladicte Dame Royne.

De chacun cofté dudict grand efchaffault, & non
loing d'icelluy y en auoit deux autres feparez prefque
de femblable haulteur. Le premier du cofté de main
droicte qui eftoit le plus petit & le plus approchant
du grand autel, eftoit ordonné pour affeoir les Princes. Et l'autre qui eftoit pres & approchant ledict
grand efchaffault eftoit pour les Cheualiers de l'ordre, gentilz hommes de la chambre & autres grandz
feigneurs Capitaines & gens d'apparance.

Le premier du cofté de main gauche correfpon-
dant a celluy defdictz Princes eftoit pour les Ambaffadeurs : & l'autre correfpódát à celluy defdictz Cheualiers de l'ordre pour les Dames, & Damoifelles de la
Roine : audeffous, & attenant duquel y auoit vn autre petit efchaffault ordonné pour les Dames qui a-
uoient apporté & baillé à ladicte Dame d'honneur le
pain & le vin, & le cierge auec l'argent pour l'offerte,
pour apres les bailler à ladicte Dame d'honneur aux
Princeffes & Dames pour les prefenter à la Roine.
Mais pour ce que ladicte Dame d'hóneur eftoit ducheffe, elle commanda aufdict trois Dames d'aller elle
mefmes porter les offertes aux Princeffes pour cela or-

donnée. Aſſauoir à madame la ducheſſe de Guyſe les
deux pains, & à Madame de Neuers le vin, & le cierge où eſtoiét fichees les treze pieces d'or. Et de l'autre
coſté de main droicte leſdictz deux eſchaffaulx des
Princes, Cheualiers de l'ordre & gentilshommes. y en
auoit vn autre eſleué de trois à quatre piedz plus
hault ordonné moictié d'icelluy pour meſſieurs du
conſeil priué, & l'autre moictie ſeparée pour les
Dames & Damoiſelles de la Roine mere du Roy, Et
de l'autre coſté vn pareil pour les deux cens gentilshommes.

Les barrieres de tous les deſſuſdictz eſchaffaulx parees diuerſement, les vnes de drap d'or, les autres de
veloux cramoiſi bordez d'or, & les autres de tref-ri-
che tapiſſerie.

Au bas du coſté de l'eſchaffault deſdictz ambaſſadeurs dedans l'encloz du grand autel y auoit vn banc
couuert de drap d'or pour Meſſeigneurs les Cardinaulx de Bourbon, de Guyſe, de Pelleue, & de Eſt, &
derriere eux eſtoit vn banc pour les Eueſques.

Plus auant du meſme coſté aſſez pres dudict grand
autel y auoit vn autre petit eſchaffault, eſleué de trois
à quatre piedz pour les chantres de la chappelle du
Roy, tendu par le dehors de fort belle tapiſſerie.

Ioignant ledict autel de ce meſme coſté y auoit vne
table honorablement preparee pour y poſer les
ſceptre, main de iuſtice, grande & petite couronnes,
auec l'anneau ordonné pour ledict ſacre.

De l'autre cofté à main droicte, y auoit vne chaife couuerte de veloux violet brodee, & frangee d'or auec deux oreillers pour feoir monfeigneur le Cardinal de Lorraine faifant l'office.

Et derriere du mefme cofté eftoit dreffee vne table richement & honorablement paree pour y mettre, le pain, vin & cierge, attendant que ledict feigneur de Chemaulx maiftre des ceremonies les vint prendre pour les bailler aux Dames ordonnees pour les porter, comme dict eft cy deffus.

Derriere le banc de mefdicts feigneurs les Cardinaulx y auoit des bancs couuertz diuerfement de toille d'argent & tapiz pour les Prelatz, ordonnez tant pour feruir au facre, & couronnement, & à la meffe, que pour y affifter.

Le parterre du cœur depuis ledict grand efchaffault de la Roine iufques audict grand autel eftoit couuert de veloux rouge cramoifi brodé d'or, & de grandz & riches tappiz veluz à l'entour dudict grand autel, pardeffus lefdicts tappiz d'vn drap de pied de drap d'or

Hors & ioignant le cœur de ladicte Eglife entre deux pilliers y auoit de chacun cofté vn efchaffault tapiffé de riches tapifferies pour y mettre en celluy de main gauche plufieurs Dames & Damoifelles: & à l'autre qui eftoit à la main droicte, plufieurs gentilzhommes & gens d'apparence.

Et derriere & au cofté gauche dudict grand autel eftoient dreffez deux autres efchaffaulx en forme de theatre, à cinq marches, touts couuerts de tapifferie pour y affeoir plufieurs prefidens, confeillers damoifelles & gens notables venant pour veoir cefte ceremonie.

Outre tous les deffufdictz efchaffaulx, il en fut fait vn vis à vis dudict grand autel à main droicte plus efleué que les autres qui fut couuert & les feneftres bouchees de caiges d'ozier & tapiffé de riche tapifferie par dedans & par dehors de veloux rouge cramoifi faict a broderie d'or, & feruit ledict efchaffault au Roy, & à la Roine fa mere, accompaignez de Monfeigneur de Lorraine & autres grandz feigneurs, pour veoir lefdict facre & couronnement.

Ledict iour vingt cinquiefme de Mars, la Roine fe trouua le matin en fa chambre habillee de corfet, furcot d'hermines, manteau, ornement de tefte, & autres habitz Roiaux:& eftoit fon manteau de veloux pers, femé de fleurs de lis d'or en broderie, fourré d'hermines aiant la queüe de fondict manteau fept aulnes de long.

Son ornement de tefte tout garny de pierrerie, fondict corfet auffi de veloux pers couuert de fleurs de lis d'or traictz, & fon furcot garny & enrichy de gros diamans, rubiz & efmeraudes, le tout de telle excellence, richeffe & valeur que le pris en eft ineftimable,

Meffeigneurs les duc d'Anjou & d'Alençon freres

du Roy, & meſſeigneurs les Cardinaux de Bourbon
& de Guiſe allerent trouuer ladicte Dame Roine qui
eſtoit accompaignee des Princes, Princeſſes, & Dames
cy apres nommez, & de pluſieurs grandz ſeigneurs &
Dames, en grande & honorable compagnie.

Meſdictz ſeigneurs treſrichement habillez & parez.
Et leſdictz ſeigneurs Cardinaux reueſtuz de leurs grã-
des chappes.

Et quelque temps apres amenerent la Roine partant
de ſadicte chambre iuſque à la porte de l'Egliſe en
l'ordre qui ſenſuit.

Premierement marchoient les Suiſſes de la garde
de meſdictz ſeigneurs, & apres ceux du Roy. Les deux
cens gentilz hommes de la maiſon du Roy. Les gentilz hommes de la chambre, & chambellans, & parmy
eux bon nombre de ſeigneurs Capitaines, & autres
gẽtilz hommes qui ſe trouuerent audict ſacre, & couronnement.

Suiuant eux les Cheualiers de l'ordre aians le grand
ordre au col.

Apres les trompettes, & les heraultz reueſtuz de
leurs cottes d'armes.

Puis Nambut huiſſier de l'ordre, & de la chambre
du Roy, & Boiſrigault auſſi huiſſier de ladicte chambre, portans les maſſes.

b

Et fuiuoient apres Meſſieurs les Prince Daulphin, duc de Nemoux, & Marquis d'Elbœuf. Et apres eulx marchoient monſieur de Guiſe à main droicte portant hault le baſton de grand maiſtre, & monſieur le Marquis du Maine ſon frere comme grand Chambellan de France.

Puis la Roine menee, & fouſtenüe par meſſeigneurs les ducz d'Anjou, & d'Alençon, eſtans auſſi à coſté d'elle vn peu plus derriere meſſeigneurs les Cardinaux de Bourbon & de Guiſe, qui luy aidoient à fouſtenir les pans de ſon manteau Roial.

Meſdames les Princeſſes Daulphin, & de la Roche fur-yon, & ducheſſe de Nemoux portoient la queüe dudict manteau Roial de la dicte Dame, & celles deſdictes Dames furent portees ſçauoir eſt celle de madicte Dame la princeſſe Daulphin, par monſieur le Conte de Chaulue, celle de madicte Dame la princeſſe de la Roche fur-yon par monſieur de Mompezat, celle de Madame la ducheſſe de Nemoux par monſieur de la Vauguion.

Apres la Roine marchoient meſdictes Dames les ducheſſes de Lorraine, & Madame Marguerite ſeurs du Roy, les queües de leurs manteaux pôrtees, aſſauoir celle de madicte Dame de Lorraine, par meſſieurs de Meru & de Thoré, & celle de madicte Dame Marguerite par meſſieurs de Candalle, & de Thourenne.

Suiuant elles marchoient meſdames les ducheſſes de Guiſe au milieu, de Neuers à main droicte, & Ma-

dame la Coneſtable ducheſſe de Montmorancy à man
gauche, & eſtoient les queües de leurs manteaux portees, aſſauoir de madiſte dame de Guiſe par monſieur
de Fontaines, de Neuers par monſieur de Bouuines, de
madiſte Dame la Conneſtable par monſieur de Cler-
mont d'Entrague.

Leſdiſtes dames, & ducheſſes auoient leurs chap-
peaulx, & cercles de ducheſſes, & leurs corſetz, & manteaux de veloux pers, & leurs ſurcotz d'hermines enrichiz de pierreries de grande valeur : reſerué toutef-
fois meſdiſtes dames les princeſſes de la Roche ſur-
yon, & Coneſtable veſues qui auoient leurs accouſtre-
mens ſans aucun enrichiſſement.

La Roine en la compagnie que deſſus arriuee à l'E-
gliſe ſagenouilla deuant le grand autel ſur vn oreiller
qui luy fut preſenté par monſieur le Marquis du Maine grand Chambellan de Françe. En laquelle Egliſe elle trouua monſeigneur le Cardinal de Lorraine reueſtu de ſes ornemens pontificaux, accompaigné de
meſſeigneurs les Cardinaux de Pelleué, & de Eſt, bon
nombre d'Eueſques, Abbez, & autres prelatz eſtans
aux deux coſtez dudiſt grand autel aux lieux pour
ce ordonnez.

Mondiſtſeigneur le Cardinal de Lorraine bailla à
baiſer à la Roine (comme elle feit auec grande reuerance & honneur) le reliquaire diſant lediſt ſeigneur
Cardinal l'oraiſon pour ce ordonnee. Et ce faiſt fut
menee ſur lediſt grand eſchaffault eſleué deuant lediſt grand autel, & là aſſiſe en la chaiſe poſee ſur lediſt

haultdez estant soustenüe(y allant)par mesdictz seigneurs les ducz d'Anjou,& d'Alençon,& medictz seigneurs les Cardinaux de Bourbon & de Guise à costé
d'elle,comme cy deuant est dict.

Apres que la Roine fut assise mesdictes Dames la
duchesse de Lorraine,& Marguerite seurs du Roy luy
feirent vne grande reuerance chacune,& pareillement
toutes les autres Princesses & Dames,mesmes celles qui
luy portoient sa queüe, & s'asseirent toutes sur les
bancz preparez pour elles, chacune en son rang, ainsi
qu'il est cy deuant declairé.

Pendant que lesdictes Dames s'asseirent en leurs places,mesdictz seigneurs les Cardinaulx de Bourbon,&
de Guise descedirent & allerent au banc ordóné pour
eulx.Et les autres Princes qui auoient marché allans à
l'Eglise deuant ladicte Dame Roine,se meirent à l'eschaffault dressé pour les Princes,ainsi qu'il est cy deuant declairé.
        Et pour le regard de mesdictz seigneurs les ducz
d'Anjou, & d'Alençon,s'asseirent en deux chaises garnies de toile d'or,mises derriere celle de la Roine hors
de son haultdez,se tenans prestz,quand ladicte Dame
se leuoit ou agenouilloit pour luy aider à soustenir
son grand manteau, & la couronne qui luy fut mise
sur la teste ainsi qu'il sera cy apres declaré.Et quand à
mesdictz seigneurs de Guyse , & Marquis du Maine
ilz se meirent tout debout aux deux costez de l'entree
dudict escallier , tenant mondict seigneur le duc de
Guise le costé de main droicte,& mondict seigneur le
Marquis celuy de main gauche:estant aupres de mon-

dict seigneur le grãd maistre le seigneur de Chemaux maistre des ceremonies pour receuoir ses commande-mens, afin de faire & accomplir les ceremonies.

Peu de temps apres lesdictz seigneurs Cardinaux se leuerent, & retournerent sur ledict eschaffault. Les-quelz, & mesdictz seigneurs les ducz d'Anjou, & d'A-lençon menerent ladicte dame Roine deuant ledict grand autel, allant deuant mondict seigneur de Guise portant son baston de Grand maistre, & mondict sei-gneur le Marquis portãt ledict oreiller: & fut sa queüe portee par les trois Dames dessusdictes.

Ladicte Dame descendüe deuant ledict grand au-tel, se prosterna la face contre bas faisant deuotement son oraison, & icelle oraison acheuee: Mesdictz sei-gneurs les ducz d'Anjou, & d'Alençon la leuerent sur ses genoux, & ainsi àgenoux ladicte Dame enclina son chef pour ouir l'oraison que prononça mondict seigneur le Cardinal de Lorraine

L'oraison par luy dicte, il print la saincte vnction qui luy fut presentee par messieurs les Euesques de Baieux, & de sainct Papol. C'est assauoir l'ampolle où estoit ladicte vnction par ledict Euesque de Bai-eux, & la platine ou fut versee ladicte vnction par le-dict Euesque de sainct Papol. Pendant le temps que ladicte oraison se disoit mondict seigneur de Guise grand maistre, & le seigneur de Chemaux maistre des ceremonies auec luy allerent querir mesdictes Dames duchesse de Lorraine, & madame Marguerite pour seruir audict sacre.

Icelles Dames venües, monſieur le Cardinal de Lorraine print ladicte vnction, & en verſa en ladicte platine telle quantité qu'il veit eſtre neceſſaire, & en oignit ladicte Dame ſur ſon chef qui fut deſcouuert par madicte Dame de Lorraine, & apres en la poictrine qui fut deſcouuerte par Madame Marguerite, diſant mondict ſigneur le Cardinal l'oraiſon pour ce ordonnee.

Ledict ſeigneur Cardinal procedant oultre audict ſacre print pareillement l'anneau qui luy fut preſenté par monſieur l'Eueſque, de Digne, & le meit au doigt de ladicte dame diſant auſſi l'oraiſon pour ce ordonnee.

Ce faiſant ſelon l'ordre cy deſſus eſcrit, ledict ſeigneur Cardinal bailla à ladicte Dame les ſceptre & main de iuſtice, leſquelz luy furẽt preſentez par monſieur l'Eueſque d'Auxerre grand aumoſnier du Roy. Et diſt mondict ſeigneur le Cardinal l'oraiſon pour ce accouſtumee.

Apres icelluy ſeigneur Cardinal print la grande couronne qui luy fut baillee par monſieur l'Eueſque de Paris. Laquelle ledict ſeigneur Cardinal preſenta ſur le chef de ladicte Dame ſans la laſcher, eſtãt cependant ſouſtenue par meſdictz ſeigneurs les Ducz d'Anjou & d'Alençon. Et depuis miſe es mains de mondict ſeigneur le Prince daulphin. Et au lieu d'icelle en fut poſee ſur la teſte de ladicte Dame par meſſieurs les ducz d'Anjou, & d'Alençon, vne autre petite toute couuerte, & enrichie de diamans, rubiz, & perles de grandiſſime pris & excellence. Et en ce faiſant ladicte

Dame fe defcharga dudict fceptre es mains de mondict feigneur le duc de Nemoux, & de la main de iuftice es mains de monfieur le Marquis d'Elbeuf.

Ledict facre faict & oraifons dictes par mondict
feigneur le Cardinal de Lorraine la Roine fut reme-
née par mefdictz feigneurs les ducs d'Anjou, & d'A-
lençon, & Cardinaux de Bourbon, & de Guife en fa
chaife fur ledict hautdez & marchoient deuant elle
lefdictz feigneurs duc de Nemoux, & Marquis d'Elbeuf auec ledit fceptre, & main de iuftice. Et deuant
eux mondit feigneur le Prince Daulphin tenant efle-
uée ladicte grande couróne, dont ladicte Dame auoit
efté couronnee: mondict feigneur le Marquis du Mai-
né portant l'oreiller & mondict feigneur de Guife
grand maiftre eftant deuant ladicte Dame Roine: &
marchoient en ceft ordre depuis ledict grand autel
iufques fur ledict haultdez.

Ladicte Dame eftant ainfi affife pour oir meffe, lefdictz Cardinaux s'en retournerét feoir en leurs fieges.
Et mondict feigneur le Prince Daulphin pofa deuant
elle fur ledict efcabeau à ce ordonné ladicte grande
couronne, & fe tint ledict feigneur Prince à genoulx
pres ledict efcabeau.

Aux deux coftez pres mefdictz feigneurs les ducz
d'Anjou, & d'Alençon eftoient auffi à genoulx, mefdictz feigneurs les ducz de Nemoux, & Marquis d'Elbeuf. Icelluy feigneur duc de Nemoux tenant le fceptre à main droicte, & ledit Marquis d'Elbeuf ladicte
main de iuftice à la feneftre.

Ladićte Dame ainſi aſſiſe en ſa chaiſe, la meſſe com-
mença à eſtre celebree par mondićt ſeigneur le Cardinal de Lorraine, qui fut dićte à deux diacres, & ſouſdiacres. Leſdićtz diacres furent, l'Eueſque de Meaux
chantant,& qui diſt l'euangille,& l'Eueſque de Chaal-
lons aſſiſtant. Les ſouſdiacres furent monſieur l'Eueſque d'Auranches chantant, & qui diſt l'epiſtre , &
monſieur l'Eueſque de l'Odeſue aſiſtant.

Au commencement de ladićte meſſe Madame la
Coneſtable ducheſſe de Montmorancy comme dićt
eſt Dame d'honneur preſenta à la Roine ſes heures, &
vn liure d'oraiſons & puis ſ'en retourna aſſeoir en ſa
place.

Et quant ce vint à dire l'euangille mondićt ſeigneur
le Cardinal de Lorraine donna la benedićtion audićt
ſeigneur Eueſque de Meaux,qui diſt l'euangille, & a-
pres preſenta le liure à mondićt ſeigneur le Cardinal
de Bourbon, lequel accompaigné deſdićt deux diacres, & ſouſdiacres alla trouuer ladićte Dame, & aïant
pris dudićt Eueſque de Meaux ledićt liure bailla à
baiſer à ladićte Dame l'euangille,laquelle ſ'agenouilla pour ce faire ſur l'oreiller qui auoit eſté poſé, &
laiſſé deuant elle par mondićt ſeigneur le Marquis
du Maine. S'eſtant ladićte Dame tenüe debout durant
l'euangille, & pareillement toutes les autres Dames
apres auoir faićt vne grande reuerance.

Durant auſſi ledićt euangille ſe tindrent debout
meſdićtz ſeigneurs les ducz d'Anjoũ, & d'Alençon
freres du Roy, pareillement mondićt ſeigneur le duc

de Nemoux, & Marquis d'Elbeuf, aians lefdictz fceptre, & main de iuftice, & femblablement mondit feigneur le Prince Daulphin tenant en fes mains ladicte
grande couronne efleuee, qu'il auoit auparauant pofee fur ledict petit efcabeau.

L'euangille finy & le credo dit, les trois Dames
ordonnees pour porter à ladicte Dame d'honneur le
pain, le vin, le cierge auec l'argent pour offrir eftant en
leur petit efchaffault bàs, cy deffus declairé, qui fu-
rét mefdictes dames la Marefchalle de Dampuille, de
Candalles, & conteffe de Fiefque, aians receu lefdictz
offertes par les mains dudict feigneur de Chemaulx
maiftre des ceremonies qui les portoit fur trois grandes touailles de damars blanc frangees d'or, chacune
de cinq aulnes de long, monterent l'vne apres l'autre
fur ledict grand efchaffault. Premierement ladicte
dame Marefchalle de Dampuille, auec les deux pains
l'vn doré, & l'autre argété. Apres elles ladicte dame de
Cadalles auec le vin, & la troifiefme ladicte dame Cô-
teffe de Fiefque auec le cierge de cire, auquel eftoiét attachees treze pieces d'or. Et à mefure qu'elles môtoient
apres auoir faict deux grádes reuerences, à l'entree dudict grand efchaffault, l'vne vers le grád autel, & l'autre
vers la Roine, fe trouuerent vers ladicte Dame d'honneur pour luy bailler lefdictes offertes, qui leurs com-
máda les prefenter, fçauoir eft le pain à madame la ducheffe de Guife, le vin à la main droicte de madame de
Neuers, & à elle mefme en la main gauche ledit cierge,
auquel eftoiét attachees lefditz treze pieces d'or, & porta madite dame de Neuers lefdictes deux offertes pour
n'y auoir affez de Princeffes pour feruir audict facre.

Et lors partant ladicte dame pour aller à l'offerte, se leuerent de rechef toutes lesdictes dames, & luy feirēt vne grande reuerence, & l'accompaignerent mesdictz seigneurs les ducz d'Anjou, & d'Alençon, & Cardinaux de Bourbõ & de Guise, & lesdictes deux Dames à qui feurent baillees lesdictes offertes, qui l'vne apres l'autre les presenterent à l'autel, luy portant la queüe aussi les autres dames à ce ordõnees: mesdictz seigneurs les ducz de Nemoux, & Marquis d'Elbeuf allans deuant lesdictz sceptre, & main de iustice: mondict seigneuer le Prince Daulphin portant la grande courrone: & mondict seigneur le Marquis du Maine portant deuant ledict oreiller : marchant pareillement mondict seigneur de Guise grand maistre deuant ladicte Dame.

Ladicte offerte faicte ladicte Dame retourna s'asseoir en sa chaise accompaignee cóme dessus. Et quád ce vint à l'eleuation du Corpus Domini, elle se leua de sadicte chaise pour s'agenouiller, & pareillemēt madame de Lorraine, & madame Marguerite seurs du Roy, & les autres Princesses, & Dames qui luy feirent vne gráde reuerence. Mesdictz seigneurs les ducz d'Anjou & d'Alençon tousiours aux costez d'elle, & de mesdictz seigneurs ducz de Nemoux, & Marquis d'Ebeuf tenans ledict sceptre, & main de iustice, & pareillemēt mondict seigneur le Prince Daulphin ladicte grande couronne esleuee en ses mains durant l'esleuation dudict Corpus Domini.

Apres ladicte esleuation, & benediction dicte par monsieur le Cardinal de Lorraine, quand ce vint à l'agnus dei, mondict seigneur le Cardinal de Bourbõ

alla baifer mondict feigneur le Cardinal de Lorraine
officiant , & apres ladicte dame à la ioüe en figne de
paix, laquelle f'agenouilla de rechef fur ledict oreiller
qui luy fut prefenté par mondict feigneur le Marquis
du Maine.

Apres ledict agnus dei & confommation faicte du
Corpus Domini par mondict feigneur le Cardinal de
Lorraine ladicte dame fut menee de rechef audict
grand autel par mefdictz feigneurs les ducz d'Anjou
& d'Allençon, & Cardinaux de Bourbon & de Guife.
Les deffufdictes trois dames portans la queüe de fon
manteau: marchans auffi les Princes qui portoient le-
fceptre, main de iuftice, grande couronne & oreiller,
& là elle recut en grande deuotion & reueréce le Corpus Domini par les mains de módict feigneur le Cardinal de Lorraine . Et apres auoir faict fon oraifon
f'en retourna en ladicte chaife accompaignee comme
deffus, où elle acheua d'oir ladicte meffe.

La meffe dicte & acheuee la Roine defcendit en l'ordre que deffus marchant deuant elle mefdictz feigneurs les ducz de Nemoux, & Marquis d'Elbeuf a-
uec ledict fceptre, & main de iuftice, mondict feigneur le Prince Daulphin auec ladicte grande couronne, mondict feigneur le Marquis du Maine portant ledict oreiller , & mondict feigneur de Guife
grand maiftre marchant deuant elle.

Et lors mondict feigneur le duc d'Anjou la print
par deffous le bras droict, & mondict feigneur le duc
d'Alençon pardeffous le gauche.

Et ainſi accompaignee deſdictes Dames, Princes, &
ſeigneurs, cy deuant nommez, la remenerent en ſa
chambre.

Et fault noter que deuant la celebration deſdictz
ſacre, & couronnement les queües ne furent portees
aux Princeſſes, & Dames qui y ſeruirent, & n'y auoit
ſur le grand eſchaffault que les deſſuſdictes Dames aſ-
ſiſes en leurs lieux comme dict eſt. Et leſdictz Princes
qui y ſeruirent auec les ſeigneurs & gentilshommes
qui portoient les queües deſdictes Dames quand elles
entrerent & ſortirent de l'Egliſe, qui ſe tindrent derriere elles ſans faire aucun empeſchement. Et pareillement mondict ſeigneur le grand maiſtre, & ledict ſeigneur de Chemaulx pres de luy, auquel il ordonnoit
ce qui eſtoit à faire pour accomplir les ceremonies.

Fault auſſi entendre que le ſeignenr de Nançay l'vn
des capitaines des gardes, & les autres capitaines lieutenans, & exemptz de la garde Eſcoſſoiſe, eſtoient partie dedans le cœur, partie deça delà, auec quelque nôbre d'archers pour garder qu'il n'y euſt aucun deſordre audict ſacre, & couronnement, comme auſſi n'y en
eut il aucun.

A la fin de ladicte meſſe fut criee, largeſſe, de par ladicte Dame au dedãs de l'Egliſe par vn des heraux d'armes d'vne bonne ſomme d'or & d'argent, qui fut ie-
tees au peuple à diuerſes fois.

Les ambaſſadeurs reſidens pres la perſonne du Roy
qui ſe trouuerent audict ſacre & courõnement, furent
le Nonce de noſtre ſainct pere le Pape, l'ambaſſadeur
du Roy d'Eſpaigne, celluy d'Eſcoſſe, & celluy de la
ſeigneurie de Veniſe, & diſnerent auec mondict ſeigneur le Cardinal de Lorraine.   FIN.

L'ORDRE TENV A

l'Entrée de tref-haute & tref-
chreftienne Princeffe Madame ELIZABET
d'Auftriche Royne de France.

A Maiefté aiant efté facree & couronnee en l'Eglife fainct Denis en
France, ainfi qu'il a efte difcouru
cy deuant, il fut quand & quand aduifé & refolu que au Ieudy enfui-
uant XXIX. iour de Mars mil cinq
cens LXXI. elle feroit fon Entree en cefte ville de Paris,
comme elle feit, ainfi qu'il fera cy apres declaré. Mais
premier que d'entrer en l'ordre, feront reprefentees les
deuifes,& infcriptions qui furent mis es arcz de triumphe dreffez es mefmes endroitz, qu'ilz auoient efté à
l'Entree du Roy : pour plus grande intelligence defquelles a efté fait ce petit fommaire.

Vi *vouldra fommairement repaffer quel
fut l'eftat ancien de ce Royaume, il trou-
uerra, que noftre France autrefois ap-
pellee du nom de Gaule, bien qu'elle fut
diftincte, & feparee de la Germanie par
ce grand entreiect du Rhin, qui eft com-
me vne grande barre entre l'vn & l'autre pais: Toutefois fi
auoient ces deux nobles nations plufieurs rencontres, & con-*

A

formitez de meurs enfemblemët, & eftimerent quelques notables autheurs, comme Strabon, que le nom de Germain, euft
efté donné à l'Allemaigne pour la fraternité qu'elle auoit auec
la Gaule. Cela fut caufe que Pharamond (duquel eft cy deuant fait mention) extrait de la Franconie païs fitué dans la
Germanie, s'achemina plus aifement en ce païs où il eftablit fa
demeure auec fi heureux fucces que Clouis l'vn de fes fucceffeurs fe veit poffeder comme luy l'Empire de la Gaule, & de
la Germanie, maintenant appellez France & Allemaigne.
Ce que pareillement feit Charles le grand que nous appellons
Charlemaigne, viuantz lors ces deux peuples en paix, concorde, & vnion. Parquoy chacun de nous doit louer Dieu
qui noftre bon Roy CHARLES à l'exemple de fes prdecef-
feurs a voulu renouer cefte ancienne alliance par le mariage
fait auec la Royne ELIZABET d'Auftriche fa chere efpoufe,
à la diligence, & pourfuite de la Royne fa mere : laquelle ne
fe laffa iamais de vacquer au bien, & augmentation du Roy
fon filz . Alliance certainement, qui nous promet tout bon
heur en ce Royaume, & vne amitié inuiolable, & indiffolu-
ble entre ces deux nations . Voire nous eft certain prononftic
que tout ainfi qu'anciennement eftant vnies enfemble, elles
combatirent le fuperbe Romain, auffi fubiugueront elles l'A-
fie, & planteront leurs bänieres en tout le refte de l'vniuers.

Povr doncques gratuler à cefte nouuelle
alliance fut fait à la porte Sainct Denis vn a-
uant portail à la ruftique, prefque de femblable ordonnance, façon, mefure & enrichiffement,
que celuy qui fut fait pour l'entree du Roy : fur le
hault de l'vn des coftez duquel, eftoit vne figure reprefentant Pepin Roy de France, veftu d'vn grand
manteau Roial de veloux pers, couuert de fleurs de

lis d'or, fourré d'hermines, tenant d'vne main vne
espee nüe, de laquelle il restablit la foy Chrestienne, dechassa les Sarrazins, & infidelles, & remit le
Pape Zacharie en son siege, quoy qu'il fust de petite stature, & n'eust que quatre piedz & demy de
hault, mais sa magnanimité fut telle qu'il ne trouua rien impossible pour la conseruation, & augméta-
tion de la foy Chrestienne: en signe de quoy de l'autre main embrassoit vne colonne, sur laquelle estoit
posee vne Eglise.

A l'autre costé estoit vne autre figure representant
Charles filz de ce Pepin, depuis surnommé le grand
pour les haultz faictz d'armes qu'il feit, tenant aussi v-
ne espee nüe en vne main, & de l'autre embrassant
pareillement vne colonne, sur laquelle estoit vne Aigle, marque de l'Empire: d'autant que de son temps
l'Empire d'Orient fort affoibly, fut transferé en Occident, & mis en sa protection, lequel il ne defendit seu
lement contre les Sarrazins & infidelles, mais l'aug-
menta de plusieurs pais, & prouinces, qu'il subiuga
& conquesta sur eux, lesquelz apres il feit conuertir
à la foy Chrestienne.

Entre ces deux figures estoient les escuz du Roy, &
de la Royne, posees sur vn sode, enuironnees l'vn de
son ordre, & thiare imperialle, & l'autre d'vne corde-
liere sortant de dessous vne couronne Royalle: à costé
desquelz estoiét deux Nymphes, l'vne dicte GALLIA,
& l'autre GERMANIA, tenátz au dessus vn grád chap-
peau de laurier, en signe des grandes victoires, que
ces deux nations ont obtenues enséble. Au milieu du

hault de ce portrait eſtoit vne cartocche antique, en laquelle eſtoient eſcritz ces vers.

De la religion Pepin fut defenſeur,
  Des peres ſainctz l'appuy: & ſon filz Charlemaigne
  Remiſt la Maieſté de l'Empire en grandeur
  Tenant le ſceptre en main de France & d'Alemaigne.

B

Et ſous le Roy Pepin eſtoient ces vers Latins.
  Hanc olim ſacram me ſubſtentante columnam
  Regni creuerunt & opes, & gloria Francis.

Et ſous Charlemaigne.

  Hanc quoque me Imperij fractam ſubeunte columnam
  Imperium ſtetit, & noſtra ſtat ſtirpe nepotum.

Et pour ce que ceſte Entree donna autant ou plus d'admiration aux eſtrangers qu'auoit fait celle du Roy, tant pour le grand nombre de ieune nobleſſe qui ſ'y trouua dauantaige, que pour le redoublement de magnificéce, qui y fut veu, ſpecialemét en la multi-plicité des ſuptueux & riches habitz, dont eſtoient re-ueſtuz les Princes, Seigneurs, Dames, & Damoiſelles. Leſquelz outre le grand prix que ce pouuoit eſtimer le fin drap d'or & d'argét frizé dont ilz eſtoient, furent la plus part bordez & entourez de groſſes perles Oriē-tales & pierres precieuſes à double rang d'ineſtimable valleur, en ſorte que l'on euſt penſé ce Roiaume auoir eſté cent ans paiſible. Furent mis dans les flancs de ce portail deux tableaux bien à propos pour tel ſubiect

& fort plaiſans à regarder.

A l'vn deſquelz eſtoit vn homme veſtu eſtrangement, aiant vn viſage robuſte, & comme demy furieux, lequel marchoit & foulloit de ſes piedz grande quantité de ſafran fleury & camomille, qui ſe monſtroient non ſeullement reſiſter à ceſte foulle, mais encores reuerdir & florir d'auantaige, comme eſt là nature de ces deux herbes, ainſi que nous voions eſtre aduenu en la France, la grandeur de laquelle tant ſ'enfault qu'elle euſt peu diminuer pour les deſaſtres, qui luy ſont aduenuz, qu'il ſemble qu'elle en ſoit augmétee, ſuiuant l'ancien prouerbe qui dict, La Fráce plus inuincible en aduerſité, qu'en proſperité : au bas duquel eſtoit eſcrit,

Tant plus on foulle aux piedz la fleur
Du ſaffran, plus eſt fleuriſſante,
Ainſi de France la grandeur
Plus on la foulle, & plus augmente.

B

En l'autre eſtoit vn grand champ, en l'vn des boutz duquel y auoit vn beau vergier remply d'arbres chargez de toutes ſortes de fruictz. A l'autre bout vne quátité de blez en eſpi & vignes blanches & noires, chargees de raiſins & au milieu toutes ſortes de fleurs, ſur leſquelles eſtoit vne grande femme nüe demy courbee, aiant le viſage beau graue & gratieux, & pluſieurs mammelles à l'entour d'elle d'ou ſortoit laict en abondance, ſignifiant l'abondance incomprehenſible de toutes ſortes de fruictz que la France produit.

Au deſſous eſtoit eſcrit,

La France riche & valureuse
Est mere si fertile en biens,
Qu'elle peult de mammelle heureuse
Nourrir l'estrangier & les siens.

Telles estoient les inuentions de ce portail
duquel le pourtrait ensuit.

Par lesquelles figures & inscriptions estant rapor-
tee la memoire de l'antique alliance des François &
Germains, pour faire mention de celle, par qui ceste
alliance est renouuellee & a poursuiui, & sollicité vn
si heureux mariage pour nostre Roy, & augmentation de son Roiaume, fut mis à la fontaine du Ponceau vne figure vestüe d'habits Roïaulx, representant
au naturel la Roine mere du Roy, tenant en ses mains
vne couronne faicte de fleurs de lis, qu'elle monstroit
vouloir poser sur le chef de ladicte Roine ELIZA-
BET, comme celle sur laquelle elle entendoit se demet
tre auec le temps des grádes charges & insuportables
affaires qu'elle a eu, & a, à la conseruation de cest estat.
Au dessoubz estoit vn tableau, dans lequel ces vers e-
stoient escritz en lettres d'or sur champ d'azur.

Accipe & hæc manuum quæ sint monimenta mearum
Regina & longum socrus testantur amorem.

A ses piedz estoient les trois Graces, THALIA,
AGLIA, EPHROSINA, faisant girlandes, & chapeaux de triumphe de toutes sortes de fleurs, en signe
de ioye & liesse publique, qui se doibt ensuiure du
renouuellement de l'alliance de ces deux belliqueuses
nations. Dont le pourtrait est icy rapporté.

Paſſant plus oultre, & venant à la porte au Peintre eſtoit vn grand arc triumphal d'ordre Corinthien à deux faces, quaſi de ſemblable architecture que celuy qui fut faict pour l'Entree du Roy, excepté qu'il fut enrichi dauantage, & la frize, corniche, & architraue faictz d'vne autre mode, moulure plus exquiſe, & mieux ſuiuant les antiques. Laquelle frize fut enrichie d'vn feuillage, & fleurons d'or de relief ſur vn fons blanc qui embelliſoit, & decoroit grādement ceſt ou-urage: meſmes les bazes, & chapiteaux des colonnes furent dorez de fin or. Les niches feintes de marbre noir, & toutes les figures enrichies, & dorees en pluſi-eurs endroitz, en ſorte qu'il ne ſe recognoiſſoit riens de ce qui auoit ſerui à ladicte Entree du Roy. Sur le hault duquel, pour demonſtration & preuue de l'a-mitié inuiolable de ces deux nations, eſtoient deux grandz Coloſſes faitz d'argent, chacun de dix piedz de hault, portans longs cheueux, & par deſſus force ions & roſeaux en forme de couronnes, & aians longues barbes, chenues, pour repreſenter, l'vn le fleuue du Rhone, lequel paſſant par le lac de Geneue (ſans ſe meſler tōutefois parmy) vient deſcendre à Lion, & trauerſant le païs de Prouence, tirant vers le midy ſe rend à Aiguemorte petite ville à coſté de Marſeille, & de là par vn ſeul conduit entre en la mer Mediterra-nee. L'autre le fleuue du Danube, qui va vers Orient, trauerſant tout le pais d'Allemaigne iuſques en Con-ſtantinople, & paſſant par vne petite iſle nommé Tho mos (en laquelle Ouide fut banny) ſe va rendre par ſept conduitz en la mer Exine.

Ces deux fleuues comme principaux l'vn de France, & l'autre d'Allemaigne reprefétoient l'vne, & l'autre Prouince, & par vn accord mutuel fupportoient vn grand globe terreftre reprefentant le monde, que ces deux nations doiuent aſſubiectir à eux, & d'autant plus que non ſeullement ces deux fleuues, mais encores le Rhin, qui va vers Occident, & paſſant par le païs bas de Flandres ſe rend par deux conduitz en la mer Oceane: & le Theſin, qui va vers le Septentrion paſſât par le païs d'Italie, ſe rend en la mer Adriatique: vienent de la foreſt Herſinia ſituee entre les Rhetez & Griſons iuſtement entre le païs de France, & d'Allemaigne, leſquelz quatre fleuues venantz d'vn meſme lieu, proche & tenant à l'vne & l'autre nation, & ſe ſeparantz de telle ſorte qu'ilz ſe vont rendre aux quatre coins du monde contre le cours ordinaire des autres, leſquelz viennent tous d'Orient, & ſe vont rédre en Occident, eſt vn ſigne & preſaige certain qu ces deux peuples aſſubietiront vne fois tout le reſte du móde à eux. Au deſſoubz eſtoit vne grande table d'attente, en laquelle eſtoient eſcriptz ces vers,

Vt fluuij iungunt in mutua fœdera dextras,
Gallicus hinc Rhodanus, Germanicus Iſter at illinc,
Terreſtrémque globum ſuſtentat vterque ſiniſtra:
Sic donec firma (velut olim) pace manebit
Gallia Germanis iuncta, & Germania Gallis
Terrarum imperium gens vtraque iuncta tenebit.

Et pour ce que ces deux fleuues & globe qu'ilz ſoutenoient ſe voioient autant d'vn coſté que d'autré,

B ij

furent ces vers Latins traduitz en François, & mis en vn autre tableau du cofté de l'autre face dudiçt arc, telz qu'ilz font icy raportez.

Comme lon veoit le Rofne, & le Danube enfemble
L'vn fleuue des Gaulois, & l'autre des Germains
D'vn naturel accord ioindre leurs fortes mains
Quand pour tenir ce globe à l'vn l'autre f'affemble:
Ainfi tant que la paix chaffant de nous la guerre
Ioindra comme iadis les Germains aux Gaulois
Et l'vne & l'autre gent tiendra deffoubz fes loix
De deux n'eftant plus qu'vn l'Empire de la terre.

B

Et pour reuenir à l'amitié de ces deux nations, lef-quelles n'a iamais efté poffible defioindre quelque mutation, ou laps de temps, qui foit auenu, ne pour quelque defunion que autrefois on ait penfé entre eux. Delaiffant ce que en a efcrit l'antiquité venant au recent & dernier fecours qu'ilz fe font donnez les vns aux autres, eftoit à l'vn des coftez vne figure repre-fentant le Roy Henry deuxiefme de ce nom, ayant fes habitz, & couronne imperialle, & tenant fon fceptre & main de iuftice: l'aide duquel iceux Allemans ayantz imploré du temps de l'Empereut Charles V. fe feroit auffi toft rédu prompt,& diligent pour les fe-courir, les aiantz par fa prefence conferuez en leur liberté Germanique. Eux en femblable voiantz les troubles derniers, & diuifions de ce Royaume fe fe-roient pareillement diuifez pour donner fecours à l'vn & l'aure party.

Au deffous de cefte figure eftoient efcritz ces vers.

Cœperat Henricus moliri, fœdere vt esset
Gallia fida soror Germanæ iuncta sorori.

A l'autre costé estoit vne autre figure representant
nostre Roy CHARLES IX. à present regnant, lequel suiuantz les traces de ces ancestres n'a seule-
ment conserué ceste amitié des François & Allemans,
mais d'abondant la corroborée par son mariage, ainsi
qu'il est cy deuant specifié, au dessous duquel estoient
escritz ces vers.

Henrici patris inceptum nunc perficit ecce
Germanam iungens sibi CAROLVS ELIZABETAM.

Du costé de l'autre face estoient les figures de Messeigneurs les ducz d'Anjou, & d'Alançon ses freres,
l'vn tenant vne espee nüe couronnee & l'autre vne
hache d'armes: comme estantz tousiours prestz pour
eux emploier pour son seruice, & augmentation de
sa grandeur, sous lesquelz assauoir Monseigneur e-
stoit escrit.

Pro patris & fratris sociis hic militat ensis.

Et sous Monseigneur le Duc,

Et mea fraterno pro fœdere militat hasta.

En l'vn des costez du dedans de cest arc estoit vn
tableau de riche, & excellente peinture, auquel estoit
depeint comme en vne carte, grande partie de la terre
enuironnee de mer en plusieurs endroitz pour rapor-

ter à peu pres du naturel les parties de l'Orient, & Occident, plus hault à chacun des boutz deux grandz soleilz, l'vn reprefentant l'Orient auec l'Aurore allant deuant, & l'autre le Couchant accompagné de l'eftoil le dite Vefper deuifé femblable, & dependant de la fignification defdictz fleuues pour toufiours confirmer ce qu'a efté dict, que ces deux nations vnies enfemble, domineront tout le monde, & par confequent l'Orient, & l'Occident. Au bas duquel eftoient efcritz ces vers.

Quæ diuifa priùs totum diuiferat orbem
Gens, iterum coniuncta occafum iunget & ortum.

A l'autre cofté eftoit vn autre tableau auffi induftrieufement elaboré, contenant vn grand, & beau paifage, & au deffus l'arc en ciel dit Iris, figne de reconciliation comme pronoftic, que ce renouuellement d'amitié aduenu par ce mariage fera d'eternelle duree, & non iamais violable, au deffous duquel eftoient efcritz ces vers.

Æterni dederat fignum quem fœderis arcum,
Hunc Gallis Deus hoc & Germanis dedit anno.

Le furplus des beautez artificielles, qui eftoient en ce theatre, fe peuuent remarquer par le pourtait, qui en eft icy reprefenté.

Et à fin de faire entendre les grandz biens, qui nous prouiendront de ceste alliance, estoit deuant le Sepulchre vn grand pied-destail de mesme ordre que celluy qui estoit à l'Entree du Roy, dont les moulures & pieces de relief furent enrichiz d'or: sur lequel estoit vne Iunon faite d'argent, aiant dix piedz de hault, tenant vn nœud Gordien, que les anciens ont dit indissoluble, signifiant que telle sera ceste alliance entre ces deux peuples, qui apportera à ce Royaume abondance & grandes richesses, qui sont representees par ceste Iunon, au pied de laquelle estoit escrit,

Sit sponsis, populis sit non resolubile vinclum.

Le pourtrait qui en est icy rapporté supplera le default du reste.

Vn peu plus loing deuant la fontaine Sainct Innocent y auoit vn femblable pied-deftail, & de pareil enrichiffement, portant vn Saturne d'or de dix piedz de
hault. Lequel d'vne main tenoit vn nauire d'argent,
& de l'autre vne faucille pour faire entendre quelz
biens nous doiuent aduenir par ce renouuellement
d'alliance:lequel ramenant l'aage dore en ce Royaume,fera que d'ores en auant le marchant pourra tra-
fiquer,& negotier librement par tout: & le laboureur
recueillir & ferrer fes fruitz auec feurté, comme il e-
ftoit fignifié par le nauire & faucille Au bas de ce Saturne eftoit efcrit,

Plaudite iam Galli redeunt Saturnia regna:
Falx dabit hæc fegetes: râtis hac feret vndique merces.

Le pourtrait qui enfuit demonftrera le furplus.

Quand à la place dicte la porte de Paris, la mesme
perspectiue qui y estoit à l'Entree du Roy y fut remi-
se, tant pour ce qu'il ne fut possible en si peu de temps
(pour la grande espace de lieu) executer ce qui auoit
esté designé, que pour ce qu'elle y estoit bien seante,
à cause de l'vnion des maisons de France, & d'Austriche y representees, desquelles deux maisons ainsi cō-
iointes, & de nouueau confirmees en amitié depend
le repos vniuersel de la Chrestienté, & d'autant plus
que nous voions auiourd'huy tous les Princes Chrestiens estre, graces à Dieu, en vnion, confederation,
alliance, & amitié, telle & si asseuree que chacun estime qu'elle doit durer eternellement, qui sera l'augmentation du bien, & repos de nostre foy Chrestié-
ne & confusion de l'ennemy d'icelle.

Et pour ce que par les escritz de plusieurs Saintz
& anciens grands personnages a esté predict que des
François & Allemans doit sortir vn grand Monarque
lequel subiuguera outre l'Europe non seullement l'A-
sie, mais tout le reste du monde que nous esperons
deuoir estre de ce mariage, fut mis au premier
portail du pont nostre Dame vn Thoreau nageant en
mer portant vne Nymphe sur sa croppe dicte Asie.
Pour signifier que tout ainsi que l'ancien Iuppiter en
pareille forme rauit Europe(que iceux François, &
Allemans auec leurs cōfederez occupent)aussi le Iuppiter nouueau, ou Daulphin de France qui doit sortir de ce mariage rauira l'Asie, & le reste du monde
pour ioindre à son Empire, & soy faire Monarque
de l'vniuers.

Au dessous estoient escritz ces vers,

Par le vieil Iupiter Europe fut rauie:
Le icune rauira par Isabel l'Asie:
Que d'Europe, & d'Asie on taise le renom,
France Allemaigne soit de l'vniuers le nom.

B

A l'vn des costez,

Iupiter Europam rapuit vetus : at nouus ecce
Iupiter huc Asiam ducta rapit ELISABETA.

A l'autre costé,

Non Asiæ, non Europæ, iam nomina posthac,
Sed iam totus erit Germania Gallia mundus.

Dedans l'vn des costez de ce portail pour honorer le
lict d'vn si heureux mariage, estoiét deux ruches à miel
ausquelles les mouches entroient paisiblement, cô-
bien quelles semblassent auoir eu vn grand conflict
entre-elles au parauant qu'elles monstroient auoir de-
laissé à la nouuelle de ce mariage. Et dessous estoit escrit,

Rursus apes solitas post bella reuisite cellas:
Mella super thalamos vrnis effundite plenis.

Et à l'autre costé pour memoire de ce grand Monarque, qui doibt venir de ce mariage, estoit de peinte vne grande mer enflee de ventz, & orages, qui cou-
roient au dessus, pour lesquelz faire cesser estoit Æolus dieu des ventz, lequel auec son trident les dechas-
soit & cômandoit eux retirer, rendant par ce moien

ceste mer paisible, & calme pour donner issüe à vn
Daulphin premier poisson de la mer: le naturel duquel est tel qu'a sa venüe toute tormente cesse: du nom
duquel sont surnommez les premiers masles de France, qui sera ce grand Monarque cy dessus mentionné
que nous esperons, & dessous estoit escrit,

Æolus ecce fugat turbantes æquora ventos,
Tutus vt in placidas Delphin nouus emicet vndas.

Le portrait en est icy rapporté à peu pres.

Quant au parement du pont noſtre Dame il fut orné tout ainſi qu'il auoit eſté à l'Entree du Roy, lequel
auſſi on n'euſt ſceu faire autre en ſi peu de téps, excepté que les armoiries, deuiſes, & chiffres de ladicte
dame y furent miſes au lieu de celles qui y eſtoient.

Sur le portail de l'autre bout dudict pont fut mis
vn grand nauire d'argent repreſentant la ville de Paris, ayant les voilles tendus, & enflez du vent de Septentrion venant d'Allemaigne, duquel coſté apparoiſſoit auſſi l'eſtoille del'Ourſe grande & petite cóme guide de ce nauire pour le conduire en ſeureté
par tout. Au bout du hault du mas eſtoit ceſte deuiſe
d'icelle ville,

Tumidis velis Aquilone ſecundo.

Et au deſſous droit au milieu de l'arc ces vers,

Puiſque l'Ourſe apparoiſt pour guider ce nauire
Et le vent Aquilon fait ſes voilles enfler
Les François & Germains feront vn iour trembler
Tout le reſte du monde, & ioindre à leur Empire.

B

Et à coſté ces vers,

Martia coniugio Gallis ſi iungitur Arctos,
Flatibus Arctois tumeſent vela ſecundis.

Et à l'autre coſté,

Gallica in occiduo ſi ſidere nunc regit Arctos
Vela, quis æquoreis iam ſit vagus error in vndis?

Quant aux tableaux du dedans ne fut aucune chose changé de l'inuention, pour ce qu'ilz eſtoient bien
conuenables: ſeulement ce qui eſtoit en Grec à l'Entree du Roy fut mis en Latin.

A l'vn eſtoient ces vers,

Vtri ſacra manu violarint fœdera primi
Vt vinum hoc, ſic diffluat his tellure cerebrum.

Et à l'autre,

Arma ſuper tenues diſtendat aranea telas
Poſthac: at belli ne ſit iam nomen in orbe.

Telles furent les inuentions faites en l'honneur d'i-
celle Dame, leſquelles on euſt bien amplifiees, ſi le
temps l'euſt permis, dont ie ne feray plus ample mé-
tion pour venir à l'ordre d'icelle Entree.

Doncques le Ieudy vingtneuſiefme iour dudict
mois eſtant ladicte Dame arriuee ſur les neuf heures
du matin au Prieuré S. Ladre, eſt montee & s'eſt aſſiſe
au hault du meſme eſchaffault qui auoit eſté dreſſé
pour le Roy, pour receuoir & ouïr les harangues &
ſalutations de la part de ceux de ladicte ville. Et e-
ſtoient pres & autour de ladicte Dame ſur ledict e-
ſchaffault pluſieurs Princes, Princeſſes, Seigneurs, &
Dames, & meſmement Monſieur le Preſident de Birague, conſeillier du Roy en ſon conſeil priué, & aiát
charge des ſeaux de France.

Quelque espace de temps apres se sont acheminez au deuant de ladicte Dame les quatre ordres Mendianes, & les paroisses, le Recteur auec les Docteurs, Lecteurs, & Regens de l'vniuersité de Paris. Suiuant eux six enseignes de gens de pied, esleuz des dixsept mestiers, fort bien armez, & en bon ordre: faisant le nóbre de dixhuit cens hommes, tant harquebouziers que picquiers. Apres ont suiuy les deux Sergens de la ville à cheual, & les menuz officiers d'icelle ville à pied, vestuz de robbes miparties de bleu & rouge. Les trois compagnies de la ville, assauoir cent harquebouziers, cent arbalestriers, & cent archiers en fort bon ordre, & equipaige: marchant deuant chacune compagnie la cornette, guidon, & enseigne desploiez. Cela passé sont venuz les cent Enfans de la ville, tous fort bien montez equippez, & habillez d'vne parure, conduictz & menez par leur cappitaine, lieutenants, enseignes, & guidons aussi desploiez. Et au lieu que le iour de l'Entree du Roy ilz portoient corps de cuirace, & brassars dessous leurs cazaques, ilz auoient tous pourpointz de satin blanc decouppez, marchans dix ou douze d'entre eux deuant le capitaine: dont aucuns auoient changé d'acoustremens estans habillez de sayes de veloux blanc, decouppez, doublez de toille d'or, passementez de passement d'or, & semez d'vne infinité de boutons d'or. Apres ont marché le maistre de l'artillerie de la ville: les deux maistres des œuures de Charpenterie, & Massonnerie, les huit autres Sergens de la ville à cheual, portant à la main gauche sur l'espaule vn nauire d'argent faict d'orfeuerie, qui sont les armes de ladicte ville. Et apres le Preuost

des marchans, les quatre Efcheuins, Procurèur, Receueur, & Greffier, Confeilliers, Quarteniers, &
Bourgeois de ladicte ville. Lefdicts Preuoft & Efcheuins veftuz de robbes miparties de veloux cra-
moify de haulte couleur, & de veloux tanné, au lieu
que le iour de l'Entree du Roy elles eftoiét de veloux
cramoifi brun, & veloux tanné. Les maiftres iurez des
fix eftatz de marchandife tous à cheual, chacun en fô
ordre & qualité, veftuz & habillez ainfi que le iour de
l'Entree du Roy. Le cheuallier du guet fort bien môté, habillé de toille d'argent aiant deuant luy vn paige monté & veftu de mefme, & apres luy fes lieutenantz, fergens, & archiers tant à pied, qu'à cheual. Les
vnze vingtz fergens à verge à pied, tous harquebouziers morionnez, hors mis quelques vns qui eftoient
au tour de l'enfeigne portans hallebardes. Les quatre
fergens & fieffez. Les cent Notaires, les trente deux Com-
miffaires, & les Audienciers du Chaftelet, tous à cheual, habillez felon leur eftat de robbes longues noires. Les fergens de la douzaine du Preuoft de Paris:
iceluy Preuoft fort bien monté, & au lieu que le iour
de l'Entree du Roy, il eftoit en armes, il eftoit en robbe de drap d'or frizé, fon habillement enrichy d'vn
fort large paffement d'or, la houffe de fon cheual de
mefm e. Et eftoit deuant luy fon efcuier monté fur vn
beau cheual fort bien enharnaché, & deux des pages
& deux lacquais dudict Preuoft, veftuz de velouz
vert paffementé d'argent. Ledict Preuoft pour la malladie du Lieutenant ciuil eftoit fuiuy feullement de
fes Lieutenantz criminel, & particulier, Aduocat,
Procureur, & Confeilliers dudict Chaftelet. L'enfei-

gne des Sergens à cheual marchoit apres, fuiuie defdicts Sergens portans tous piftoles à l'arçon de la felle de leurs cheuaux, & aians leurs cafacques grifes paf-
fementees d'incarnat, & blanc.

Les deux Prefidens des monnoies marchoient a-
pres & eftoient fuiuiz des Generaulx & officiers d'i-
celles monnoies: lefdicts Prefidens, & partie defdicts
Generaulx veftuz de robbes longues, & l'autre partie
de robbes courtes de diuers draps de foye.

Meffieurs de la court des Aides apres, aians leurs
huiffiers, & greffier deuant eux. Les Prefidens portans robbes de veloux noir. Le General des finances
audict Paris veftu d'vne robbe de fatin, & les Confeilliers veftuz de robbes d'efcarlatte fuiuiz des Efleuz
& autres officiers du Grenier à fel, & des Aides de ladicte ville.

Meffieurs de la chambre des Comptes venoient fuiuant ladicte court des Aides, & auoient auffi leurs
huiffiers deuant eux, & eftoient pareillement aucuns
d'eux veftuz de robbes longues, & les autres de robbes courtes de draps de foye de diuerfes façons, fuiuiz
des officiers comptables eftabliz en ladicte ville.

Apres eux, Marchoient Meffieurs les premiers maiftres d'hoftel du Roy, & de la Royne, accompagnez
des autres maiftres d'hoftel dudict Seigneur & de la
Roine

Meſſieurs de la court de Parlement ſouueraine de
ce Roiaume ſemblablement precedez par leurs huiſſiers. Les quatre notaires & Greffier criminel & des
preſetations de ladiĉte court veſtuz de robbes d'eſcarlatte. Le Greffier ciuil apres eux ſeul, portant ſa chappe fourree de menu vert. Et apres luy le premier huiſſier auſſi ſeul habillé d'eſcarlatte, ſon mortier de drap
d'or en la teſte fourré de menu vert, les Preſidens e-
ſtoient reueſtuz de leurs chappes deſcarlate les mortiers en la teſte, ainſi qu'il eſt accouſtumé. Monſieur
de Thou premier Preſident aiant pour difference des
autres trois petites bandes de toille d'or ſur l'eſpaule
gauche. Et ſuiuoient apres, les Preſidens des enque-
ſtes, & Côſeillers auec les deux Aduocatz, & au milieu
d'eux le Procureur general du Roy, portans tous robbes d'eſcarlatte, & leurs chapperons de meſme, four-
rez de menu vert.

Tous les deſſuſdiĉts aiant trouué ladiĉte Dame ſur
lediĉt eſchaffault marchans en l'ordre, & comme cy
deuant eſt diĉt, luy ont faiĉt leurs treſhumbles ſalutations, & harangues, puis ſ'en ſont retournez en la
ville au meſme ordre qu'ilz eſtoient allez.

Apres les deſſuſdiĉts rentrez, l'artillerie en grand
nombre a tiré, & ſalüé ladiĉte Dame, & cela faiĉt ont
commencé à marcher ceux de ſa compagnie & ſuite,
aſſauoir

Le Preuoſt de Monſeigneur le Duc d'Anjou frere & Lieutenant general du Roy, ſuiuy de ſon Lieu-

tenant de robbe courte, de ses deux Lieutenans de robbe longue, & de ses Greffier & archiers.

Les deux compagnies de cheuaux lsgiers du sieur de Monterud, grand Preuost de France & de l'hostel du Roy conduittes par les Capitaines, Lieutenans, & enseignes d'icelles.

Le sieur de Camby Cappitaine des guides suiuy des quatre guides du Roy, entretenuz à sa suitte.

Ledict Sieur de Montrud accompagné de ses Lieutenans de robbe longue,& de robbe courte,exemptz, Greffier, & archiers de la Preuosté de l'hostel à cheual, aians leurs hocquetons d'orfeurie, & chacun vn espieu au poing.

Les Capitaine, Lieutenant,Enseigne, & Exemptz de la garde de Monseigneur le Duc d'Alençon frere du Roy suiuiz de cinquante archiers vestuz de cazaques de veloux gris, passementez de passement d'argent, & de soie orengee, bien montez, & equippez: aians leurs harquebouzes à l'arçon de la selle.

Le Capitaine, Lieutenant, Enseigne, & Exemptz de la garde de mondict Seigneur le Duc d'Anjou,aussi fort bien montez sur grandz cheuaux, & richement vestuz, & accoustrez, suiuiz de pareil nombre d'archiers à cheual, portans cazaques de veloux vert passementez d'argent.

Apres eux font venuz les Gentilzhommes des Princes, Princeffes Dames, & grandz Seigneurs qui accompagnerent la Roine, & fuiuant eux grand nôbre de Gentilzhommes feruans, & efcuiers d'efcurie du Roy, habillez les vns de draps de foie enrichiz de paffement d'or : les autres aians les doubleures de leurs cappes & manteaux de toille d'or ou d'argent, fort bien montez fur beaux & grandz cheuaux, auec les houffes de mefme parure que leurs habillemens.

Apres les Gentilzhommes de la chambre de Monfeigneur le Duc d'Alençon, de Monfeigneur le Duc D'Anjou, ceux du Roy, & parmy eux plufieurs Capitaines, & grandz Seigneurs, iufques enuiron le nôbre de mil, les vns veftuz de drap d'or frizé, les autres d'autres differentes fortes de drap d'or'd'argent, & de foie: la plufpart, aians par deffus le drap d'or ou d'argent du paffement d'or, ou d'argent, d'enrichiffemens & belles façons, & leurs manteaux & chapeaux femez d'vne infinité de groffes perles, pierreries, boutons, & fers d'or, tous montez fur grandz cheuaux d'ineftimable valeur, fort fumptueufement enharnachez, & aians leurs houffes de mefme pareures que leurs habillemens.

Eux paffez ont fuiuy deux huiffiers de la Chancellerie, portans robbes de veloux cramoifi violet brodees de paffement d'or, & leurs maffes .Les grand Audiencier, & au lieu du Contrerolleur de l'audience, qui

estoit malade, son Commis evestuz de robbes de veloux noir, & aucuns des Srcretaires de la maison, &
couronne de France diuersement vestuz, & accoustrez de draps de soie. Messieurs les Maistres des requestes habillez de robbes longues de satin. Monsieur le President de Birague marchant apres, vestu de
robbe de veloux rouge cramoisy, monté sur sa mulle enharnachee de veloux, & couuerte d'vne housse
de mesme couleur à franges d'or. Aiant autour de
luy ses lacquais, & estoit suiuy de son escuier, & de
son secretaire, ainsi qu'à l'Entree du Roy.

Apres sont venuz les Ambassadeurs residens pres la
personne du Roy, precedez par leurs secretaires: &
estoit deuant, & le plus prochain desdicts Ambassadeurs le Sieur Ieronime Gondy, commis à les receuoir.

L'Ambassadeur de Venize estoit accompagné du
Sieur de Meillault Cheualier de l'ordre du Roy.

L'Ambassadeur d'Escosse estoit accompagné de
Monsieur le Conte de Chaulne.

L'Ambassadeur d'Espaigne, estoit accompagné de
Monsieur d'Espinay.

Et Monsieur le Nonce du Pape estoit accompagné de Monsieur l'Abbé de Vandosme.

Lefdicts Ambaffadeurs paffez les Suiffes de la guar-
re du Roy, de Meffeigneurs les ducz d'Anjou, & d'A
lençon fuiuoient, aians deuant eux le Sieur Conte de
Mauleurier frere de Monfieur le Duc de Bouillon,
habillé de veloux blanc à la Suiffe, & môté fur vn petit cheual fort bié enharnaché, & couuert d'vne hou-
fe de toille d'argent, & apres luy les Capitaines, &
Lieutenant defdicts Suiffes auffi veftuz de veloux
blanc à la Suiffe, leurs bonnetz de mefme, accouftrez
tout au tour de grandz panaches blancz, tous femez
de pierreries, boutons, & fers d'or, lefdicts Suiffes de
la guarde du Roy & de mefdicts Seigneurs eftant en-
tremefles par rengs les vns parmy les autres, veftuz de
diuerfes liurees' ainfi qu'à l'Entree du Roy.

Apres marchoient les haulbois, & cornetz à bouc-
quin, & les trompettes & clairons eftant à part al-
loient fonnant fans ceffe de leurs inftrumentz,

Les pourfuiuans d'armes, dix heraultz, & le Roy
d'armes, tous reueftuz de leurs cottes d'armes fuiuoient apres.

Apres eux marchoient deux paiges de la Roine
nües teftes, veftuz, & leurs cheuaulx enharnachez, &
couuers de toille d'argent iufques en terre, le premier
ayant deuant luy à l'arfon de la fcelle de fon cheual
le portemanteau de ladicte Dame, & l'autre la boifte
aux bagues derriere luy fur la crouppe de fon cheual.

Ioignant eux eftoit vn efcuier de ladicte Dame veftu de veloux blanc monté fur vn fort beau cheual

E

blanc, enharnaché & couuert de toille d'argent, ainſi que ceux deſdicts paiges.

Le cheual de crouppe de ladicte Dame venoit a-pres, eſtant vn paige deſſus veſtu de la meſme parure que les deux autres, & eſtoit ledict cheual blanc, tout couuert de toille d'argent frizee trainant iuſques en terre: la houſſe, & la planchette qui eſtoit par deſſus de meſme.

Apres eſtoit la hacquenée de parade de ladicte Dame toute blanche, auſſi entierement couuerte iuſques en terre de toille d'argent frizeé, la houſſe, & la planchette qui eſtoient par deſſus de meſme, & eſtoit menee par deux eſcuiers de ladicte Dame habillez de robbes de veloux blanc, & ſaies de toille d'argent, & les pans de ladicte houſſe portez par deux paiges habillez de toille d'argent.

Apres eux eſt paſſé le Sieur de Quelluz Lieutenant des deux cens Gentilzhommes de la maiſon du Roy, ſuiuy d'iceux deux cens Gentilzhommes qui eſtoient à pied, & faiſoient haye des deux coſtez depuis la Royne en auant, aians tous robbes de draps de ſoye, de diuerſes façons enrichies de paſſementz d'or, d'argent, ou de ſoye, leurs haches en la main, & la pluſpart d'eux de groſſes cheſnes d'or au col, & e-ſtoient ioignant eux les Sieurs Conte de Retz, & de Lanſſac leurs capitaines, aians leurs grandz ordres au col, eſtans auſſi treſrichement veſtuz & parez.

Suiuoient apres les lacquais de ladicte Dame teste nüe, habillez de toille d'argent.

Monsieur le Preuost de Paris vestu, & monté comme cy deuant est dict, alloit apres.

Luy passé ont suiuy cinq Cardinaux, qui sont Messeigneurs les Reuerédissimes Cardinaux de Bourbon, & de Lorraine à costé l'vn de l'autre: deuant eux Messeigneurs les Reuerendissimes Cardinaux de Guyse, de Pelue & d'Est ensemble: tous reuestuz de leurs rochetz, & portans leurs chappeaux de Cardinaux sur leurs testes.

Monsieur le Conte de Fiesque Cheualier d'honneur de ladicte Dame estoit deuant sa litiere, tirant sur la main gauche, fort bien vestu & monté.

Monseigneur le Duc de Guyse grand Maistre de Fráce, portant en sa main le baston de grand Maistre, estoit sur la main droicte plus pres de la lictiere de ladicte Dame monté sur vn beau cheual d'Espaigne, enharnaché, & luy tresrichement vestu.

Les deux Huissiers de chambre du Roy, vestuz de veloux blanc, estoient à pied portans leurs masses cóme ilz faisoient à l'Entree du Roy.

La Royne venoit apres dedans vne lictiere descouuerte, dont le fondz par dedans & par dehors estoit couuert de toille d'argent trainant en terre: les muletz qui la portoient tous couuers de toille d'argent frizee,

E ij

auſſi trainant en terre, & les paiges qui montoient leſdicts muletz & menoient ladicte lictiere habillez de
toille d'argent les teſtes nües.

Ladicte Dame eſtoit habilleè de ſurcot d'hermi-
ne, couuert de pierreries de treſgrande excellence, &
ineſtimable valeur, de corſet, & manteau Royal, portant ſur la teſte vne couronne d'or enrichie d'infinies
perles, & pierreries treſexquiſes curieuſement applic-
quees, & eſtoit ſeulle dedans ladicte litiere, aux deux
coſtez de laquelle eſtoient mondict Seigneur le Duc
d'Anjou frere, & Lieutenant general du Roy à la
main droicte, & mondict Seigneur le Duc d'Alençon
auſſi ſon frere à la main gauche, tous deux treſrichement habillez, leurs habillemens ſemez d'vne infinité
de pierreries, & eſtoient montez ſur grandz cheuaux
d'Eſpaigne, brauement, & ſuperbemēt enharnachez.

Ioignant la litiere de ladicte Dame eſtoient quatre
de ſes eſcuiers d'eſcurie marchant à pied, tous habillez de robbes de veloux blanc, & ſayes de toille d'argent.

A l'entour de ladicte litiere de ladicte Dame eſtoiēt
les vingtquatre archiers du corps du Roy à pied, reueſtuz de leurs hocquetons tous blancz faictz d'orfeurie.

Au deſſus de ladicte Dame eſtoit vn poiſle de drap
d'or fort riche, & fut porté ainſi, & par ceux meſme
qui porterent celluy du Roy le iour de ſon Entree.

MaDame la Duchesse de Lorraine, & ma Dame
Marguerite sœurs du Roy, suiuoient apres dedans v-
ne litiere couuerte, & paree tout ainsi que celle de la
Roine, acoustrees & vestues de surcot, & manteau
Ducal, enrichiz d'vne infinité de pierreries, & autres
singularitez conuenables à leur grandeur, & estoient
accompagnees de Monseigneur le Duc de Lorraine à
main droicte, & de Monsieur le Prince Daulphin à
main gauche.

Apres marchoient

Ma Dame la Princesse de Condé accompagnee de
Monsieur le Duc de Nemoux.

Ma Dame de Montpensier, accompagnee de Mô-
sieur le Marquis du Maine.

Madame la Princesse Daulphin, accompagnee de
Monsieur le Marquis d'Ellebeuf.

Madame la Princesse de la Roche sur-yon, accompaignee de Monsieur le mareschal Dampuille.

Madame la Duchesse de Nemoux, de Monsieur
de Meru.

Madame la Duchesse de Guise, de Monsieur de
Thoray.

Madame la connestable Dame d'honneur de la
Royne, de Monsieur de Candalles son gendre.

E iij

Toutes lefdictes Dames fur haquenees blanches enharnachees de toille d'argent, & elles habillees de furcot d'ermines, corfetz, manteaux, & cercles de Ducheffes : les queües de leurfdictz manteaux portees par leurs efcuiers marchans à pied apres elles, tous ve-ftuz de veloux, ou fatin blanc, & chacune d'elles fui-uies de deux lacquais de mefme parure, ayans lefdi-ctes Dames leurfdictz furcotz, & manteaux enrichiz de grande quantité de pierreries, excepté les vefues qui portoient leurs accouftrementz, & couronnes fans aucun enrichiffement.

Suiuant elles marchoient

Madame la Marefchalle Dampville, accōpaignee de Monfieur le viconte de Thuraine.

Madame la Marefchalle de Coffé, de Monfieur de Carnauallet.

Ma Dame la Marefchalle de Tauanes, de monfieur de la Chapelle des Vrfins.

Madame la Conteffe de Fiefque, de monfieur de Sainct Supplice.

Madame la Conteffe de Rhetz, de monfieur de la Vauguyon.

Madame de Villeguier laifnée, de monfieur de Montpezat.

Madame de Byron, de monſieur de Stroſſy.
Madame de Froze de monſieur de Canaples.
Madame de la Tour de monſieur de Sourdis.

Toutes leſdictes Dames, veſtues & parees de toille d'argét enrichies d'vne infinité de perles, & pierreries, & mótees ſur haquenees blanches, enharnachees de houſſes de meſme parure.

Apres leſdictes Dames ſuiuoient quatre Chariotz de ladicte Dame Royne attelez, & tirez chacun de quatre cheuaulx hongres enharnachez de toille d'argent, conduictz par des cochiers Hongres de nation, veſtuz de meſme parure à la Hógreſque, leſdictz chariotz eſtoient couuerts ſeullemét par le hault de toille d'argent, enrichis de houppes d'argét & de ſoye blanche, & les bois, rouaiges, lymons, & tout ce qui depend eſdicts chariotz argété d'argent fin : en chacû deſdicts chariotz eſtoiét ſix damoiſelles de ladicte Dame toutes reueſtuees de robbes de toille d'argét, enrichies d'vne infinité de bouttons d'or, de perles, & de pier reries.

Suiuant leſdicts chariotz eſtoient les Capitaines des gardes du Roy, auec leurs Lieutenant, enſeignes, & guidons, les exemptz, & tous les Archiers deſdictes gardes montez à cheual, & reueſtuz de leurs hocquetons d'orfeurie à la deuiſe du Roy.

Ladicte Dame Royne en l'ordre, & magnificence que deſſus entra dedans ladicte ville de Paris, & paſſant par la porte, & rue S. Denis, & de là, par le pont noſtre Dame qu'elle trouua parez, & racouſtrez des portiques, d'arcs triomphans, deuifes & dictons cy deuant declaires arriua à l'Eglife noftre Dame, où elle defcendit pour y faire fon oraifon, & auec elle Meffeigneurs les Ducz d'Anjou, & d'Alençon & de Lorraine, & Prince Daulphin, duc de Guife, & autres Princes, & mesDames de Lorraine, & Marguerite foeurs du Roy, & pour porter la quëue de la Royne defcendirent auffi Madame de Montpenfier, madame la Princeffe Daulphin, & Madame la Princeffe de la Roche fur-yon.

Quand à celle de madicte Mame de Lorraine elle fut portée par

Et celle de madicte Dame Marguerite par

Et celle de mefdictes Dames de Montpenfier, Princeffes Daulphin, & de la Roche fur-yon par les Seigneurs pour ceft effect ordonnez.

Apres que ladicte Dame eut acheué fon oraifon elle f'en alla au Pallais ou à la defcente fa quëue luy fut auffi portée par lefdictes Dames, ainfi qu'en Leglife noftreDame.

Le feoir c'eft faict le foupper Royal, auec les ceremonies & folempnitez qui feront dictes cy apres.

La Royne s'est assise au mesme endroit que le
Roy fut assis le iour de so Entrée, & sous vn daiz de ve
loux pers semé de fleurs de liz d'or. A sa main droicte
estoiét assises, Madame la Princesse de Côdé Madame
la Princesse Daulphin, Madame de Nemoux, & Madame la Connestable, & à sa main gauche Madame
de Montpensier, Madame la Princesse de la Roche
Sur-yon, & Madame de Guise.

Monsieur de Guise seruoit audict soupper de
grand Maistre, Monsieur de Nemoux de Pannetier,
Monsieur le Marquis du Maine d'eschanson, & escuier trenchant, pour ce que Monsieur le Princé
Daulphin qui debuoit seruir de Pannetier demoura
trop à venir.

Quand au reste du festin, & des autres tables ordô-
nées en la grand salle, il y fut tenu & gardé vn mesme
ordre que le iour de l'Entrée du Roy, & sans aucune difference: sinon que la table qui fut seruie à ladicte Entrée pour aucuns des Princes & Seigneus a esté
pour les autres Dames, & Damoiselles qui ont tenu
rang à ladicte Entrée.

F

Le lendemain ladicte Dame alla oir la meffe en l'Eglife noftre Dame, accompagnee de Madame la Ducheffe de Lorraine, Madame Marguerite fœurs du Roy, & plufieurs Princeffes, Dames & Damoifelles, & quelques Gentilzhommes de leur fuitte: où le Preuoft des marchans, & Efcheuins fuiuiz du Greffier, Receueur, Procureur, Confeillers, & aucuns des Enfans de la ville, vindrent au deuant de fa Maiefté, pour la fupplier leur faire ceft honneur vouloir prendre fon difner en la maifon Epifcopalle d'icelle Eglife, fuiuant l'humble requefte qu'ilz luy en auoient faict le iour precedent: ce que voluntairement elle leur oftroia. Et fut conduitte par vne gallerie faicte expres regnát depuis la porte de l'Eglife iufques à vn grand efcallier fort magnifiquemét orné & decoré, par lequel elle móta en la gráde falle preparee pour ceft effect, où entrant fut falüee d'vn grand nombre de trompettes, clairons & cornetz, tefmoignans la ioye incredible que chacun receuoit de fa venue.

Arriuee en ce lieu fe mift & tous ceux de fa fuitte à contempler les fingularites d'icelle falle, en laquelle outre l'excellence de la tapifferie à perfonnages faite de foie, rehaulfee d'or & d'argent, dont elle eftoit tendüe partout, y auoit vne frize au deffus de dix piedz de large, en laquelle eftoient dixneuf tableaux fpatiez efgallement entre les pilliers en forme de Termes fouftenant le plat fons de cefte falle, lequel eftoit d'vne fine toille blanche de lin fur compartimens de feuilles de liarre en quadrature, enrichiz d'or cliquant, parmy lefquelz eftoiét plufieurs rozafes d'or efleuees, chiffres, deuifes, & armoiries tant de ladicte

Dame, que de la ville.

En ce plaffons eſtoient auſſi cinq grandz tableaux
dependans des dixneuf cy deſſus mentionnez, qui
font en tout vintquatre, contenans vne fort belle hiſtoire nõ au parauãt veüe, ne miſe en lumiere, laquelle
fut extraicte du liure de Nõnus poete Grec, dont la cõ-
cluſion eſtoit cõprinſe en ces cinq derniers tableaux,
deſquelz le plus grand eſtoit au milieu: auquel eſtoit
depeint vn grand nauire, dans lequel Cadmus repreſentant vn Roy, ou Prince du peuple eſtoit auec ſon
eſpouſe Harmonie, qui eſt la paix, gouuernant quatre
autres nauires, par leſquez les quatre eſtatz eſtoient re-
preſentez: mis es quatre coings dudict plat fons, tous
cinq flottãs en mer, apparoiſſoit au naturel en ce hault
qui donnoit fort bonne grace, & contentement à l'œil
d'vn chacun, & attachez à quatre chaines, qui depen-
doient du grand nauire ſuſdict, l'vne d'or, l'autre
d'argent, vn autre de cuiure, & l'autre de plomb. A
quoy ſa Maieſté, & ceux de ſa ſuitte ſ'arreſterent lon-
guement: car outre la beauté du ſubiect de ceſte hiſtoire, qui fut trouuee bien à propos, ces tableaux
auoient eſté faitz par le premier peintre de l'Europe.
De ſorte que par la diuerſité d'iceux on ne ſe pouuoit
ſouller de les regarder. Ce qui meritoit bien vn liure
à part, mais pour n'ennuier le Lecteur ſont icy ſeullement raportez les diſtiques de chacun tableau faitz
par Iean Dorat Poete du Roy, duquel eſt cy deuant
fait mention.

Et quand aux cinq nauires flotans en mer, dedans
le plat fons, eſtoit au plus grand eſtant au milieu,

Au premier estoient ces vers.

1

Vm tecum altitonans Pluto formosa quiesci,
Fulmē Amórne Ioui clam surripit, ánne Typhoeus?

2

Dij metuunt sua tela timenda Gigantibus olim:
Nec cœlum, sed terra tonat: stellis sola pugnant.

3

Consultant superi: placet hæc sententia tandem:
Furacem Cilicem furacior opprimat Arcas.

4

Cadme relinque ratem, pastoria sibila finge:
Fas superare dolo, quem vis non vincit aperta.

5

Incautam volucrem sic cautus decipit auceps:
Fistula fulminibus potitur, pastórque Gigante.

6

Plaudite Pastori qui vicit fraude Typhoeum:
Pldite Mercurio, qui furtum à fure recepit.

7

Redduntur sua tela Ioui: seruare memento
Tela pater, ne mox subeas grauiora pericla.

8

Excussus somno quærit cum fulmine furem:
Mercurium Cadmus nebulæ sed seruat amictu.

9

Frustratus vanas exercet barbarus iras:
Vastat agros Cilices, Nymphas fugat arua colentes.

10

Aduocat auxilio socios ad bella Gigantes:
Immanes coëunt fratres: diis bella parantur.

11

Montibus ingesti montes ad sidera surgunt:
Tela trabes fiunt, & montibus eruta saxa.

12

Semiferi inuadunt cœlum: trepidantia retrò,
Sidera diffugiunt: it saxeus imber in altum.

13

Iuppiter offensus dignas Ioue concipit iras:
Ipse sua victus tumulatur mole Typhoeus.

14

Ecce Ioui superi lætum pæana canentes
Victori, ducunt cœlo plaudente triumphum.

15

Iam Nymphæ & Satyri saltant: iam pascua saltus
Et segetes gaudent pulso terrore Typhoei.

16

Nauigat in Thracem Cadmus: Caducifer adstat
Et Pitho: Harmoniæ thalamum petit arte fauentum.

17

Apparent arces Thracis domus Emathionis:
Elect̃ræq́; hospes Cadmus venit, & gener ibit.

18

Est opus arte deæ Ueneris Suadæq́; fauore,
Nobilis Harmoniæ vir vt ignotus sit & hospes.

19

Festa celebrantur connubia: Iuppiter adstat:
Musa canit: diis terra frequens est alter Olympus.

Quatuor vna regit nauis stans firma per illas
Concordem Harmoniam vehit ars qua prouida Cadmi.

A celuy où estoit represétee la Religion,

Hæc Semelem vehit & Bacchum Iouis igne creatum
Relligiosa cohors, sacra cui sunt orgia curæ.

A celuy où estoit represeté la Iustice.

Pentheus hac vehitur superum vindex & Agaue
Index Iusticiæ quæ nec sua pignora nouit.

A l'autre où estoit representee la Noblesse,

Hæc vehit Antonoen agitatorémque ferarum
Actæona: notat quæ Nobilis ordinis arma.

Et à l'autre representant la Marchandise,

Hac Iuno vehitur, maris & cui cura Palæmon,
Quæ Mercatorum est vaga per maris æquora turba.

Sa Maiesté aiant quelque temps côtemplé les beau-
tés de ceste salle luy fut presenté l'eau pour lauer &
aux Princesses de sa suitte. Puis se mist à table où elle
fut seruie selon la saison de tous les poissons rares &
exquis tant de la mer que des riuieres, que lon pourroit souhaiter.

Le Preuost des marchans luy seruit de maistre

d'hoftel: & portoient apres luy les platz les gentilz-hommes & officiers de la maifon de ladicte Dame: marchant au deuant les trompettes & clairons à chacun metz que lon luy portoit.

Il y auoit quatre autres tables, pour les Seigneurs, Dames, Gentilzhommes & Damoifelles qui f'y trouuerent: efquelles les Efcheuins faifoient pareil office de maiftre d'hoftel, fuiuis des enfans dela ville portans la viande, veftuz des mefmes habitz qu'ilz auoient efté le iour precedent. Et fut le feruice fi bien ordóné outre l'excellence & diuerfité de viandes & bons vins, que plufieurs des Seigneurs & Gentilzhommes tefmoigneront n'en auoir veu de leur vie le feblable.

Le Roy pour la magnificéce qu'il auoit entédue de ce feftin f'y voulut trouuer en perfóne auec Meffeigneurs les Ducz d'Anjou & d'Alençó fes freres. Auec lefquelz print le plaifir au bal apres le difner, & autres Gentilzhommes qui y furuindrent: ce qui dura affez lóguement, & iufques à ce que ladicte Dame fut fupplice par lefdicts Preuofts des Marchans & Efcheuins prédre la collatió en vne autre falle prochaine où elle fe rendit auec les Princeffes fufdictes & Dames de fa fuitte, comme auffi pleut au Roy f'y trouuer auec Meffeigneurs fes freres, & plufieurs Princes, & grandz Seigneurs, lefquelz admirerent tous la nouueauté de cefte collation.

En laquelle outre le nombre infini de toutes fortes de confitures feiches, & liquides, diuerfité de dragees,

cottignac, maſſepans biſcuit & autres ſingularitez qui
y eſtoiét. N'y a ſorte de fruiɛt qui ſe puiſſe trouuer au
monde en quelque ſaiſon que ſoit, qui ne fuſt là. A-
uec vn plat de toutes viandes & poiſſons: le tout de
ſucre, ſi bien reſemblant le naturel que pluſieurs y
furent trompez, meſme les platz & eſcuelles eſquelz
ilz eſtoient, eſtoient faitz de ſucre,

Dauantage pour plus grande decoration furent
entremeſlez parmy, ſix grandes pieces de relief auſſi
de ſucre, dont n'a ſemblé impertinent faire quelque
mention.

L'INTERPRETATION DES
ſix biſtoires faiɛtes de ſucre pour la collation
de la Royne.

A premierĕ hiſtoire contenoit la naiſſance
de Minerue, laquelle naiſt du cerueau dĕ
Iupiter, & eſt receue par deux deeſſes ou
Nymphes, le tout eſtant enuelopé d'vne nüe. d'où
ſortoit vne pluie d'or comme vne largeſſe du ciel. La
Minerue ſignifie le ſapience, laquelle ne vient que du
ciel, & n'a pere que Dieu, qui la depart aux Rois &
Roines & toutes gens de conſeil ſelon qu'il luy plaiſt.
La pluie d'or ſignifie la grande abondance de tous
biens qu'apporte la ſapience, Minerue naiſt toute gráde, car la ſapience qui vient de Dieu, eſt touſiours
parfaiɛte. Le ſens allegoric eſt tel, mais pour le pre-
ſĕt, l'hiſtoire repreſĕte par Minerue noſtre Royne E-
LIZABET, laquelle cóme toute celeſte & diuine a eſté
par la ſinguliere faueur de Dieu miſe en terre pour e-

ftre efpoufe d'vn Roy de Fráce, & caufer le bon heur,
paix, & profperité des François.

La feconde hiftoire contenoit la nourriture de Minerue eftant affife au milieu d'vn iardin de plaifance,
auquel y auoit vne vigne entrelaffee de rofes & plufieurs autres fortes d'arbres, & fruiétz côme oliuiers
myrtes, cyprés, & fleurs de lis. Pres cefte Minerue
eftoient trois Nymphes, qui la feruoient portans
platz pleins de fruiéts d'vne main, de l'autre l'vne des
trois portoit vn globe, la feconde vne balance, la troi
fiefme vn compas pour monftrer les trois parties de
la diuine fapience. Celle qui tenoit le globe, eftoit la
Theologie, celle qui tenoit la balance, la Politique,
ou adminiftration des affaires publiques. La troifi-
fiefme qui tenoit le compas fignifioit tous ars, en-
gins, meftiers, & inuentions artificielles pour l'v-
fage, & feruice des hommes. Bref les trois Nymphes
reprefentoient toutes fciéces, & vertus, entre lefquelles a efté nourrie Minerue, qui fignifie la bonne
nourriture qu'a eu noftre Roy^ne eftant fous fa mere
l'Imperatrice Princeffe pleine de toute vertu, bonté,
prudence, pieté, & pudicité.

La troifiefmè hiftoire contenoit l'apparition de
Minerue, quand elle fe monftra pres du palus, ou lac
Tritonien auec fa hache, & targue comme prefte a
executer quelque grand ouurage, & exploit de fa
main. Sgnifiant que la fapience diuine apres auoir e-
fté nourrie, & entretenüe en bon exercice, & difci-
pline de ieuneffe, a puiffance de faire quelque grand
effeét pour perpetuelle memoire. Ainfi qu'a faict

G

noſtre Royne, laquelle venüe à la cognoiſſance de
noſtre Roy ſi bien nee, nourrie, inſtruite, & comme
choiſie de Dieu, & preparee pour vn tel mariage,
nous a cauſé vn ſi grand bien: aſſauoir d'auoir remis
la paix en France à ſa venüe.

La quatrieſme hiſtoire contenoit comme Minerue armee auec ſon bon cheualier Perſée, tua la Gorgone, qui auoit trois teſtes, & vn ſeul œil ſeruant
aux trois. Signifiant que le conſeil de Pallas ou Minerue mis en execution par la force de Perſée rompt
tout effort de guerre, ſedition, & trouble prouenant
d'aueuglée ignorance. Ainſi qu'a faict noſtre Roy,
lequel ſouſtenu comme Perſée, & fauoriſé de ſa Minerue, a chaſſé & abatu tous les troubles, & ſeditions
qui eſtoient en ce Royaume.

La cinquieſme contenoit comme Minerue auec
ſon Perſée fait ſon Entree triumphante en la ville
d'Athenes, la Gorgone eſtant abatue aux portes de
ladicte ville. Qui ſignifioit l'Entree du Roy, & de la
Royne en ceſte ville de Paris, ville excellente en toutes bonnes diſciplines, & diuerſes langues, comme
iadis Athenes. Le Roy eſtoit monté ſur le Pegaſe cheual aiſlé né du ſang de la Gorgone. Pour ſignifier
que la renommee du Roy volera par tout le monde
pour ſes vertueuſes proüeſſes: tant par la bouche des
hommes, que par les eſcriptz des Hiſtoriens, & poe-
tes, qui ont la plume à la main, comme le Pegaſe aux
flancz. Au coſté de Perſée ſont pluſieurs hommes
tournez en pierres par le regard de la Gorgone, qui
ſignifioit l'eſpouuentement qu'auront & ont deſia

tous les ennemis du Roy, eftonnez de fa gloire magnificence, & profperité en toutes affaires, qu'il con-
duira par le bon confeil de fa Minerue.

La fixiefme contenoit la ville d'Athenes, où Neptune d'vn cofté, Minerue de l'autre debatant le nom
de la ville, qui n'eftoit encores impofé, & fut accordé
que celuy qui inuenteroit le don plus profitable aux
hommes nommeroit la ville. Neptune de fon trident frappe contre vne roche, d'où fort vn cheual
d'armes : Minerue frappe de fa hache fur la terre, &
fait fortir vn bel Oliuier qui fignifie paix. Perfée eft
au milieu comme iuge, qui choifift l'oliue de Minerue, & mefprife Neptune, & fon prefent guerrier. Qui
fignifie la prudence de noftre Roy, lequel par le bon
heur, & faueur de fa Minerue la Royne, a planté la
paix en ce Royaume, & pour ce merite, que nó feulement la ville de Paris comme Athenes, mais toute
la France foit nommee & renonmee du nom d'icelle
tref-heureufe, & vertueufe Minerue ELIZABET
Royne de France.

Plus contenoit icelle hiftoire vn nauire venant de
Lybie chargé de plufieurs fortes d'animaux, & oyfeaux eftrangers, conduictz par vn Maure monté
fur vn chameau, prefentant ledict nauire en figne de
congratulation, ou hommage à Perfée & Minerue. Et
fignifioit ce nauire venant de Barbarie, que l'Afie
vn iour viendra fe foubmetre à noftre Perfée, & Minerue (qui font le Roy & la Royne) ou aux enfans,
qui fortiront de leur tref-heureux mariage. comme
tefmoignent plufieurs propheties, difant que du fang

des François & des Allemans reioinctz enfemble doit
naiftre vn Prince, qui dominera fur tout le monde.

Leurs Maieftés aiant quelque tēmps contemplé cefte collation & prins leur refection, enfemble ceux de
leur fuite tant que bon leur auroit femblé, fut ladicte
Dame conduite en vne chambre prochaine, en laquelle eftoit dreffé fur vne grande table vn buffet d'argent vermeil doré, cizelé de grande valleur, & lequel
pour l'excellence de l'ouurage d'iceluy, & beauté des
hiftoires conuenables & dependantes des chofes fufdictes dont il eftoit aorné par tout, meriteroit bien v-
ne defcription à part. Ce buffet luy fut prefenté & offert, par lefdicts Preuoft des marchás & Efcheuins: nõ
comme chofe digne de fa Roialle Maiefté mais pour
recognoiffance de l'honneur qu'il luy auoit pleu faire à ladicte ville. Lequel elle accepta & monftra auoir
non feullement agreable, mais outre offrit qu'elle auroit toufiours les affaires de ladicte ville en finguliere recommandation enuers le Roy fon Seigneur &
efpoux.

Ce faict fe retirerent leurs Maieftés au Palais, où le
foir furēt faictes plufieurs belles & magnifiques maf-
quarades, defquelles ne fera fait icy autre mention,
d'autant que cela n'eft du fait d'icelle ville.

FIN.

SIMON BOVQVET

ciuis Parisiensis, populi suffra-
gio nominatus, & ab om-
nibus vrbis ordinibus
designatus, Regiaque Maiestatis
autoritate confirmatus, ad rerum vr-
banarum administrationem & Ædilitiam
potestatem gerendam anno Domini mileß. quingenteß.
septuagesimo CAROLO Nono inuictißimo regnante.
Eo ipso anno cùm Rex ciuilium bellorum tumultibus toto regno
compositis, & fœlicißimo suo matrimonio cum serenißima Principe
ELISABETA Maximiliani Augusti filia perfecto, ingreßum sibi
parari in eandem vrbem Parisiensem iußißet, & Præfecto vrbis, quatuór-
que Ædilibus curationem eius apparatus rite commißißet, distributione
facta suarum cuique partium, dictus BOVQVET prouinciam tri-
umphalium arcuum, statuarum, tabularum pictarum, inscriptionum,
& omnium quæ ad ornamentum tanti spectaculi erant necessaria
sortitus est. In quibus ille obeundis operam dedit vt omnia (si-
cuti veteri consuetudine in huiusmodi apparatibus receptum
est) temporum conditioni responderent : iisque à Maie-
state Regia probatis, & in lucem emitti iußis, idem ea
collecta atque digesta in commentarium redegit ad per-
petuam rei memoriam. In quibus omnibus disponendis,
& explicandis siquid erroris obrepserit, aut si stylus
impolitior visus fuerit, norit candidus Lector, hoc
esse ipsius velut præludiū, in quo nihil operæ ei
ponere vacauerit, nisi raptim & horis suc-
cisiuis propter maximas & aßiduas
occupationes, quibus per id om-
ne tempus publicè priua-
tímque distinebatur.

GRAECI, ET
LATINI VERSVS
PRAETER EOS QVI EX
ANTIQVIS SVNT EXCER
PTI, SVNT AVRATI POETAE REGII:
GALLICI VERO QVI R. LITERA SVBNO.
TANTVR, RONSARDI: QVIBVS B. LITERA
SVPPONITVR, DICTO BOVQVET ASCRIBENDI.

G iij

AV ROY.
CONGRATVLATION
DE LA PAIX FAITE PAR
sa Maiesté entre ses subiectz
l'vnziesme iour d'Aoust,
1570.

PVIS QVE DIEV qui les cœurs des
grands Roys illumine,
Sire vous a faict voir des vostre la
ruine,
Et que nous regardant d'vn œil plain
de pitié,
Auez dans voz païs replanté l'amitié
Qui s'estoit quelque temps d'entre nous esgarée
Par vne passion follement bigarree:
Que vous par vn discours plus certain que voz ans
Seul auez combatu la rage de ce temps,
Aiant pour premier trait de vostre aprentissage,
Faict entre vos subiectz vn chef d'œuure si sage,
Chef d'œuure où le prudent ne vouloit aspirer,
Chef d'œuure que le bon n'osoit presque esperer.
Et vraiment ie serois ingratement bien chiche,
Si ores ie voulois tenir ma plume en friche.
Pour n'entonner à tous d'vn magnifique arroy
Par ce grand vniuers la gloire de mon Roy,

A

Et faire à l'eftranger plus fin que nous entendre,
Qu'vn CHARLES de Valois des fa ieuneffe tendre
(Aage propre à la lance, aage propre à l'efcu)
A d'vn coup fon aage & foy mefme vaincu.

    Sire tresgrande feut, & plus qu'on ne peut croire
Et la premiere, & l'autre & la tierce victoire,
Que par trois diuers ans, que par trois diuers iours
Vous obtintes de Dieu en trois cruels eftours.

Quand foux motz acbernez nous tous portions la pique,
Qui pour le Huguenot, qui pour le Catholique.
Grande fut la deffaicte aupres de Moncontour,
Mais s'il vous plaift pefer chaque chofe à fon tour,
Bien que du Ciel vous feut cefte victoire offerte,
Si eft ce que fur vous tomboit fans plus la perte,
N'aiant lors, deuant vous autre but ou obiect
Que de voir mettre, helas, à fac voftre fubiect,
Et en le ruinant fur vne mefme trefme,
Se filloit peu à peu voftre ruine mefme.
Donnant occafion au fubtil eftranger,
D'ourdir encontre vous vn plus fafcheux danger,
Pandant qu'il congnoiffoit f'efpuifer fans reffource,
Le fang de voz fubiectz, & leur vie, & leur bource.
Eftranger qui vous a dans la paix plus battu
Que fi à guerre ouuerte il vous eut combatu,
Quand il fceut dextrement deftourner la tempefte
Contre vous, qui f'alloit efclater fur fa tefte.

Et afin que sachiez (Sire) de quel effect
Et de quelle suite est la guerre qui se faict
De subiect à subiect en une republique,
Ie vous veux figurer ceste beste horrifique,
Et en peu de papier comme sur un tableau
Vous pourtraire au naïf tout son bon & son beau.

Ce Monstre hideux qui est une beste allouuie,
Plain de feu, plain de sang, d'un masque prend sa vie,
(Car rien de vray il n'a) mais pour tous ses parens

Met le masque du bien public dessus les rengs.
De ce seul pere il prend sa premiere naissance
De folle opinion s'allaicte son enfance
Qui pour laict le nourrit du vent de vain espoir,
L'empennant des le bers d'estes de hault vouloir.
Comme son pere est beau, & sa nourrice belle,
Aussi sur son entree est sa ieunesse telle:
Par elle ce glouton sçait surprendre en ses retz
Grands, petitz, sages, fols, par mille doux attraitz,
Qui courent à l'enuy souz l'esle de ce Monstre
Tant les commencementz en sont de belle monstre.

Mais croissant peu à peu par les ans, il prend cœur
Dedans l'ambition, l'insolence, & rencœur.
Et plus en le paissant de subiect on l'anime,
Plus contre ses suppostz luy mesme s'enuenime
Rongeant une ruine enchesnee en son sein,
Redorce du miel d'un specieux dessein.

CONGRATVLATION

Comme vne autre Circé, au son de ses aubades,
Toute homme qui le suit faict œuure retrogrades.
Car soudain qu'il nous à dedans ses laqs surpris,
Aussi tost il retourne à l'enuers noz espriz :
Tout ce guide à rebours d'vn iugement follastre,
Lon abhorre la paix, la guerre on idolastre :
L'vn court à l'estranger contre sa parenté,
L'autre prend la prison respit de sa seurté.
La maiesté des Roys estant enseuelie,
Souz le simple artizant tout l'estat se manie.
Et n'y a ny de loy ny de religion
Sinon de tant que veult sa brusque ambition.
Les villes qui estoient de frontiere couuertes,
Sont lors à la mercy des gendarmes ouuertes :
Et le païs qui fut limitrophe & frontier,
Franc & quitte du mal reste à demy entier.
Le grand faict son profit de la perte publique,
Dessus le plat païs le soldat tirannique,
Se donnant tout tel ieu qu'il lui plaist à son tour,
Va volant, rauageant & pillant le labour.
Et pendant que tout est ainsi sans discipline,
Nous humons à doux traict chetifz nostre ruine,
Ne sentantz (eniurez d'vn esprit esperdu)
Que nous perdions, sinon lors que tout est perdu.

Le fruict que ce discord intestin nous apporte
Est d'ouurir au barbare en nos païs la porte,

Et où en autre guerre il y vient à tatons,

Nous au doigt & à l'œil luy monſtrons les quantons,

Le guidons à la main par les gais, & peu ſages

Luy enſeignons les lieux, les villes, les paſſages,

Par où mieux, par où moins, il nous peult aſſaillir,

Et par où il pourra quand il vouldra ſaillir

En vn mauuais ſucces: le tout ſoubs vne amorce

Qu'il vient pour (nous tuer) ioindre auecque nous ſa force.

Mais luy non aprenty de morgues nous repaiſt,

Et rien que noſtre perte en ſon cœur ne luy plaiſt.

Car plus nous nous heurtons contre noſtre querelle,

Plus il eſt retenu & demeure en ceruelle,

Se faiſant ſeullement ſpectateur de nos ieux,

Quand nous à yeux bendes iouons à qui mieux mieux,

Et que chacun pippé d'vne vaine deſpouille,

Luy meſmes dans ſon ſang ſes mains cruelles ſouille,

Combattans or ſon pere, ores ſon propre enfant,

Pour ſe rendre de ſoy non d'autre triomphant.

Ainſi tandis que l'vn de tout poinct ſe conſerue

Et que l'autre ſ'expoſe à la mort ſans reſerue,

Faiſant de ſa victoire vn fantaſtique gain,

Nous enſeignons la voye au barbare inhumain

De dreſſer vn eſtat nouueau de nos ruines,

Luy qui ne ſ'eſtoit mis des noſtres que par mines.

Ainſi le Got, l'Alain, le Lombard, le Germain,

S'agrandirent iadis au deſpens du Romain:

A iij

Ainsi le Turc prenant chez nous par vous adresse
Surprit à la parfin l'empire de la Grece:
Ainsi prit Saladin nostre Hierusalem
S'armant encontre Gui comte de Lusignem.
Brief ainsi prennent fin toutz estatz, toutes villes,
Par les diuisions de leurs guerres ciuilles.

    Nous eusmes de ce mal presque vn eschantillon
Lors que l'Orleannois & le fier Bourguignon
Souz faulx tiltre empruntans le nom du Roy leur sire
S'esbatoient a l'enuy de nous perdre & destruire:
Quand l'vn rendu plus foible introduisit l'Anglois
Qui dans Paris planta dix & huit ans ses loix.
Mais en fin feut chassé par la sage conduite
D'vn Roy de mesme nom & de mesme merite
Que vous, Sire, lequel restablit souz sa main
Tous ses biens & païs par œuure plus qu'humain:

    Grand feut vraiment le mal voire quasi supreme,
Que lors courut, mais non si aigu ny extreme
Que le nostre, de tant que la religion
Produit en noz espritz plus forte passion.
Elle faict que celuy qui souz elle s'enflame
Perd gaiement le corps cuidant sauluer son ame:
Qu'il espouse les feuz, les gibets, estimant
Que mourant pour sa foy il meurt heureusement:
Et ne veult s'enquerir si sa creance est vraie,
Si de Dieu, si du Diable, ains luy souffit qu'il croie.

Si que soudain qu'on vient pour son opinion,
De la parolle aux mains , ceste desunion
Est vn seur prognostiq de totalle ruine,
Car plus vous surmontez plus le vaincu prouigne.
Tout ainsi comme l'Hydre: & ne rend les abois,
A celluy qui l'assaut pour deux cheutes ny trois,
Ainçois en se flattant tousiours se faict acroire
Que Dieu pour fin de ieu luy garde la victoire
(Soit que sa foy soit telle, ou que le desespoir
Pour ne pouuoir de mieux luy cause tel espoir)
Souz ceste opinion chacun d'vne humeur acre
S'entretue, se perd, se noye, se massacre,
Se meurdrist, se ruine, & plus de mal il fait,
Plus cruel il se plaist & baigne en son meffait,
Et d'vne pieté tainte de sanglant vice
Il estime en tuant faire à Dieu sacrifice.

    Qui vouldra balancer le profit au vray poix
Que raporte ou la paix ou la guerre à noz Roys
Cettuy la trouuera qu'en vne guerre ouuerte
Y a cent & cent fois, plus qu'en la paix de perte:
Et qu'en la guerre aussi qu'on faict à l'estranger
Y a moins, qu'en la guerre interne de danger.
Il trouuera encor que la guerre ciuile
Est bien plus supportable, & s'il fault dire vtile,
Qui se fait par les grandz pour leur ambition,
Que celle qui se fait pour leur religion:

Car mesme outre la foy, ceste cy souuent couue
Souz soy tout le venin qui dans l'autre se trouue.

Mais sur tout il verra qu'en vain s'est s'abismer
En discours de cuider que pour bien escrimer
Et iouër des cousteaux nous ostions la racine
Des erreurs, il y fault toute autre medecine.

Quand Dieu voulut iadis son peuple deliurer
Des mains des Pharaons tirans, & le liurer,
Lors pauure, lors chetif, souz la sage conduite
De Moïse il voulut aussi d'vne suite
Que pour planter sa loy dedans Palestin,
Chacun d'vn bras d'acier meurdrit le Philistin,
Qu'aucun d'eux n'espargnast en la cause commune,
Non plus le sang du vieil comme le sang du ieune,
Et pour s'estre à pitié encontre eux attaché
Des mains du Roy Saül feut le sceptre arraché.
Car tel estoit le vœu que ce grand chef Moïse
Auoit iuré à Dieu : mais quand à nostre Eglise
S'il vous plaist repasser quel a esté le cours,
Depuis son premier plant, c'est tout autre discours.

Quand Iesus Christ, duquel comme d'vne grand bonde
Flüe la vraie foy, vestit vn corps au monde,
Pour establir sa loy & sa religion,
Il se pouuoit armer de mainte legion
D'Anges du Ciel pour faire aux mescreantz la guerre.
Le feit il? non vraiment, ainçois lors que sainct Pierre

Meu d'vn zele indiſcret frapa de ſon couſteau,
Il le luy feit ſoudain rengaigner au fourreau,
Et à l'inſtant faiſant ſa voix aux Iuifz entendre,
Par trois fois il feit choir ceux qui le venoint prendre.
Monſtrant que ce n'eſtoit du glaiue temporel
Qu'il bat ſes ennemis ,ains du ſpirituel:
Et iamais ſur la mort il n'eut tant d'auantage
Que quand il print la mort en la Croix pour partage.
Tellement qu'à tous ceux qui luy ont ſuccedé
Il leur a pour leur lot la meſme Croix cedé.
Non Croix flottant aux champs d'vne guerre ciuile,
Mais la Croix qu'on ſoufroit pour preſcher l'euangile.
Et comme ce grand Chriſt doibue eſtre ſeul patron
De nos deportementz: auſſi depuis Neron
Iuſques à Conſtantin le grand, n'y eut preudhomme,
Qui pour ſa probité tint les clefz dedans Romme,
Lequel ne fut auſſi par cruelz iugementz
Pour le nom de ſon maiſtre expoſé aux tourmens:
Et tant que feut leur vie en ce point languiſſante,
Tant fut entre Chreſtiens l'Egliſe floriſſante,
Croiſſant comme la palme, & par totmens diuers,
S'acreut non en l'Europe, ains par tout l'vniuers:
Ell eſpandit ſes fruictz par toutes les prouinces
Malgré l'ire des temps: mais ſoudain que les Princes
Tournerent leurs propos impiteux en pitié,
Auſſi toſt ſ'altera l'Egliſe de moitié,

Aussi tost se logea dans le Christianisme
L'ambition, l'erreur, l'heresie, le sisme:
Et pendant qu'on defend non la foy, mais son bien,
Dieu d'vn iuste couroux suscite l'Arrien,
Que lon veult supprimer apres plusieurs concilles,
Par le glaiue trenchant & par guerres ciuilles:.

Mais comme en ces discours charnels on se promet
D'emporter le dessus par armes, Mahommet
Espiant son apoint, se met à la trauerse,
Qui sur ce seul obiet en l'Orient renuerse
Tout ce que d'vn long traict en nostre affliction
Nous auions espandu de la religion.

Tout de ce mesme sens n'agueres en Allemaigne
Nous vismes estendartz ondoïer la Campagne:
Tout en feu, tout en sang, tout en combustion,
Tous se bouleuerser par double faction:
Pour cuider extirper la semence erronée
Dont elle auoit esté par Luter estrenée.
Mil meurdres deplaisantz, & au monde & à Dieu:
Mais apres longz combatz, pour closture du ieu,
Au lieu d'auoir banni le Luterianism,
En tiers pied se planta chez eux l'Anabatisme.

Aussi deuons nous tous tenir pour arresté
Que soudain que lon s'est à la guerre apresté
Pour deux religions: aussi tost la fortune,
Qui se tient aux aguetz, sous main en engendre vne

De ces diffentions, d'effaict plus dangereux,
Que l'autre qui premiere auoit produit ses feux,
Fille qui tue en fin, & sans que lon y pense,
Les deux religions dont elle print naissance.
Et pour dire en vn mot, Sire, oncques on ne veit
Que le Chrestien tirast de ces guerres profit,
Ou ce profit causoit cent fois plus de dommages
Et à l'ame, & au corps: tesmoins les longs voiages
Qu'entreprismes iadis à credit oultre-mer
Quand à flottes nous tous aprenans à ramer
Pour recouurer deuotz par croisades nouuelles
Ce que sur nous auoient conquis les infidelles,
Feismes d'vn coup de pied sourdre de toutes partz
A ceste grande emprise, vn monde de souldardz,
Qui tous y acouroient de volunté non fainte,
Estant ce leur sembloit ceste querelle saincte
Mais quel en fut le fruict? non autre, fors qu'au bout
En gaignantz, aussi tost nous reperdismes tout:
Et auecques les meurs de ce Turc barbaresque
Nous veismes nostre foy se tourner en crotesque.
Lors que le faux Templier de venin infecté,
Le voulut transplanter dedans la Chrestienté.
Ainsi l'euenement de ces sacrées guerres,
N'apporta au Chrestien gaing d'ames ny de terres
Mais feit que le Leuant, apres maint exploit beau,
Deuint de nostre foy & de nous le tombeau:

CONGRATVLATION

Inſtruis par là que Dieu ne veult point que ſa vigne
Par les guerres, ainçois par preſches ſe prouigne,
Inſtruictz que Dieu ne veult autre glaiue ou harnois
Pour combatre l'erreur ſinon l'homme de choix
Qui ait exemple, ſens, mœurs, & literature,
Ains qu'il ſoit appellé à quelque Prelature.

Que l'Eueſque s'armant d'vne deuotion
Chaſſe bien loing de luy l'ardente ambition,
L'ignorance, l'erreur, l'auare hipocriſie:
Voila les vrais couſteaux meurdriers de l'hereſie.

Tous ces diſcours vous ſont par vn grand don des cieux,
Sire, en vos ieunes ans paſſez deuant les yeux,
Et mille autres plus beaux que ceux qui ont la force
Ne gouſterent iamais que par deſſus l'eſcorce.
Mais vous grand Roy guidé d'vn aſpect plus benin
Seul auez en vainquant deſcouuert le venin
Que couuoit deſſouz ſoy ceſte hiſtoire tragique.
Vous auez recognu que voſtre republique
Toute viuoit en vous, que les meſmes ouſtils
Pour vaincre l'eſtranger eſtoient les deux partis,
Qu'aueugles nous faiſions heurter l'vn contre l'autre,
Si que l'vn d'eux perdant, la perte en eſtoit voſtre,
Et que tant qu'en noz cœurs ce diſcord euſt veſcu
Vous ſeul en ſurmontant par vous eſtiez vaincu.

Qui vouldra REVNIR auec RVINER mettre
Il verra qu'il n'y a tranſport que d'vne lettre

Et qu'en reünissant vos villes ruiniez,

Et qu'en les ruinant vous les reünissiez.

Car dans vn REVNIR le RVINER se treuue,

Dont voz poures subiectz ont faict derniere espreuue.

Vous auez descouuert que le hazardeux gain

Des batailles ne vient d'vn iugement humain,

Ains qu'il aduient souuent qu'aux plus belles iournées

Les petites deffont les plus grandes armées,

Et que le desespoir qui commande en vn Camp

Le fait iournellement maistre & seigneur du champ.

Vous auez estimé que la force estrangere

Qui vous donnoit secours, n'estoit que passagere,

Mesmes que ce secours estranger de soldatz,

Pour en dire levray, ne seruoit que d'apastz

De plus ample ruine, & qu'vn Seigneur qui regne

Prend de l'œil ses conseilz, comme le temps le meine:

Que celuy qui vous est naturel estranger

Peut en vain sa nature en aultre instinct changer.

Vous auez veu qu'ainsi comme la main prudente

De l'expert medecin parfois la veine esuente,

Tirant tantost de l'vn, tantost de l'autre flanc,

Le bon, pour espuiser aussi le mauuais sang,

Mais qui à tous propos, comme d'vne fontaine

Vouldroit du patient euacuer la veine,

Ce seroit l'affoiblir de tant, qu'à la parfin

En le voulant guerir on luy donroit sa fin:

Ainſi en eſtoit il au magiſtrat ſupreme,
Aux affaires d'eſtat & des ſiens, tout de meſme,
Que tuer ſans reſpect le mauuais & le bon
Tant de fois, c'eſtoit mettre vn ſceptre à l'abandon.

Vous auez encor veu que de donner voſtre ordre
Pour recompenſe à tous eſtoit vn grand deſordre:
Que créer tant d'eſtatz nouueaux, & tant d'honneurs,
Ce n'eſtoit faire autant de pilliers, mais pilleurs:
Et que d'vn eſtat neuf en vendre l'exercice
A vn iune homme neuf, c'eſtoit auſſi grand vice.

Que faire, que defaire, & refaire vne loy
C'eſt aprendre au ſuiet decontemner ſon Roy,
Et que tout ce qu'vn Roy doibt en ſon cœur empraindre
C'eſt d'eſtre reſpecté & non pas de contraindre.
Auſſi que d'eſtablir en tous lieux gouuerneurs,
C'eſtoit vn long aller tout autant de ſeigneurs,
De Ducz, de Potentatz, de Comtes, & de Princes,
Que vous eſtabliſſiez par deſſus vos Prouinces:
Lors que la plus part d'eux ſans aucun contrerole
Iouoit, comme il vouloit, dans l'eau trouble ſon role:
Qu'ainſi en Italie autrefois le debat
Du Guelphe & Gibelin, altera leur eſtat,
S'eſtant de ſes diſcords prouigné à la honte
De l'empire Germain, là vn Duc, là vn Comte.

Brief vous auez cognu que dedans le chaos
De ces troubles ciuils tout mal eſtoit enclos.

Parquoy d'vn bon enclin vous auez pensé, Sire,
De nous rendre la paix que le bien-né desire:
Affin que dans la paix vous puissiez restablir
Tout l'heur que le discord nous auoit sceu tollir.
Et si auez voulu par Roialle ordonnance
Que nostre maltalent passast par oubliance:
Estant peu de la paix, si aussi nostre dueil
N'estoit enseuely d'vn eternel cercueil.
Aiant plus regaigné par vn seul trait de plume
Que n'eust fait en dix ans Vulcan sur son enclume.

  O Roy vraiment vny à la diuinité,
Roy sage, Roy benin, qui auez merité
De voir d'vne main forte engrauer vostre gloire
A iamais au plus hault du temple de memoire:
Ie veux eternisant maintenant vostre bonneur
Prophetizer à tous de mesme voix vostre heur.

  Ny l'orage sur mer, ny la malle fortune
Qui court sur les maisons n'est à tous iamais vne:
Ny onq'en son printemps Roy ne feut mal traité
Qui n'ait apres senty vn tresheureux esté:
Pourueu qu'à l'aduenir du mal il se souuienne,
Et que le souuenir en ceruau le retienne.
Et vous Sire, que Dieu à la paix a guidé
De vous seul pouuez estre en ce subiet aidé.
Car si contre l'aduis mesmement du plus sage,
Discourant noz malheurs en vostre plus bas aage,

Par vn grand paradoxe auez à l'impourueu,
Au plus chault de la guerre à noſtre paix pourueu.
Que pouuons nous de vous deſormais vous promettre
Fors qu'vn heur, & reuoir toutes choſes remettre
Apres vn long deſroy en leur ancien train:
Quand vous Sixe, tenant aux affaires le frain,
Et reglant vos ſubiectz d'vne meſme balance
Ferez entretenir la paix en noſtre France?
Quand vous pour nettoier de tout point le venin
Serez autant aux vns comme aux autres benin,
Arrachant de leurs cœurs la malheureuſe crainte
Qu'vne ſourde rumeur auoit dans eux emprainte.
Ainſi & Prince ſage & Prince diligent,
Vous ſçaurez faire eſpargne & d'hommes & d'argentz.
Ainſi, tous deux vnis en vous leur capitaine
Ferez ſourdre (ô miracle) vn amour de la haine,
Et chacun demourant deuot enuers ſon Roy,
Sera dans ſa maiſon deſormais en requoy,
Viuant ſelon ſa foy, content, en ſa patrie,
Auec ſes chers enfans, & ſa douce partie,
Iuſques à ce que Dieu regardant d'vn œil doux
Son peuple miparti, eſtanche ſon couroux,
Et que las de nous voir vaguer en ceſte guiſe
Nous reüniſſe en fin ſoubz vne meſme Egliſe.
Couroux qu'alentiron s indubitablement,
Lors que d'vn cœur contrit nous tous ardentement

En nous humiliantz deuant sa saincte face,
Deuotz, luy requerrons que son vouloir se face:
Quand nous à iointes mains pour trouuer guarison
Par aumosnes, par dons, par frequente oraison,
Par pleurs, par charité, par iusnes, & par larmes,
Combatrons pour son nom, & non point par les armes
Et quand nous ne verrons promeuz aux dignitez
Les flateurs en l'Eglise, ains les mieux meritez:
Lors que les bons prescheurs moins entachez de vices
Seront recompensez des plus grands benefices,
Et que les Eueschez n'iront à l'abandon
En la main du mauuais, ains seullement du bon:
Brief lors que lon verra renaistre en nostre Eglise
Les venerables meurs de l'antique Prestrise.
  Ce sont les instrumentz par lesquelz en effaict,
Nous pouuons reparer tout ce qui est deffait,
Et non à coupe-gorge entre nous introduire
Vn long mespris de Dieu, au lieu de nous reduire:
Ia la commune voix disoit que le souldat
Tant d'vn party, que d'autre estoit du tiers estat:
Voulant dire que fol il esleuoit la creste,
Contre son Dieu, lequel il n'auoit plus en teste.
  Parquoy ce n'est assez (Sire) que d'auoir fait
Vostre edit de la paix, s'il n'est du tout parfait.
Il fault que pour oster cy apres toute doubte
Encore à vostre edit cest article on adioute.

C

Lon dit qu'ayant iadis le sage Athenien
Souuent senty l'effort du Salaminien,
Il feit paix auecq luy: & pour la rendre stable,
Il ordonna par loy non iamais violable
Que nul à l'aduenir ne parlast d'annuller
Ceste paix, & que cil qui viendroit pour parler
De faire à Salamine autre guerre nouuelle,
Cestuy-la feust de tous reputé pour rebelle:
Ne voulant sur proiect fantastique esprouuer
Ce qu'autrefois le temps luy auoit faict trouuer.

    Sire, que ceste loy soit en France preschée:
Qu'à cloux de diamantz elle y soit attachée,
Que celuy qui vouldra encontre vostre edit
Par raison sophistique apporter contre-dit,
Ou soubz motz partiaux de Papiste, Fidelle,
Catholicque, Huguenot, remuer la querelle
Qui presque a mis l'estat de France en desarroy,
Cestuy comme ennemy de France & de son Roy
Bien loing à tout iamais de nous on extermine,
Et que chassé il soit, rongé de la vermine,
Qu'enseuely soit-il dans le ventre des loups,
Ce Sophiste, pipeur, du commun bien ialoux:
Lequel pour vn repos affecté qu'il trafique
Troublera le repos de la chose publique.

         E. Pasquier Parisien.

www.ingramcontent.com/pod-product-compliance
Lightning Source LLC
Chambersburg PA
CBHW070352090426

42733CB00009B/1386